LOS NIVELES
DE LA
CREACIÓN

LOS NIVELES
DE LA
CREACIÓN

SYLVIA BROWNE

Primer lugar como autora
de Bestsellers en el *New York Times*

Grupo Editorial Tomo, S. A. de C. V.,
Nicolás San Juan 1043,
03100, México, D. F.

1a. edición, noviembre 2010.

© *Exploring the Levels of Creation*
Por Sylvia Browne
Copyright © 2006 por Sylvia Browne
Publicación original en inglés 2007 por
Hay House Inc., California, U.S.A.

© 2010, Grupo Editorial Tomo, S.A. de C.V.
Nicolás San Juan 1043, Col. Del Valle
03100 México, D.F.
Tels. 5575-6615, 5575-8701 y 5575-0186
Fax. 5575-6695
http://www.grupotomo.com.mx
ISBN-13: 978-607-415-214-2
Miembro de la Cámara Nacional
de la Industria Editorial No 2961

Traducción: Lorena Hidalgo Zebadúa
Diseño de portada: Karla Silva
Formación tipográfica: Tato Garibay
Supervisor de producción: Leonardo Figueroa

A mis preciosos nietos...
Angelia, William y Jeffrey

CONTENIDO

PRÓLOGO

E ste libro, al igual que todas mis obras, sucedió gracias a varios factores. Primero que nada, es el resultado directo de la curiosidad –y las consecuentes preguntas– que me han manifestado cientos de miles de personas a lo largo de los años. También surgió de las indagaciones reunidas gracias a tanta gente que me ha compartido sus experiencias y lecciones de vida. Igualmente está mi guía espiritual Francine, que ha estado conmigo durante toda mi vida y siempre ha sido de gran ayuda para "rellenar los espacios".

Mucha gente confunde a los guías espirituales con ángeles. Bueno, los ángeles son una creación de Dios que no encarna (y nosotros tampoco nos volvemos ángeles). Esto no quiere decir que sean mejores que nosotros, simplemente tienen un llamado y un propósito diferente. Los ángeles son el ejército de Dios de protección y ayuda, son creados para ayudar a la humanidad. Todos tenemos ángeles específicos que nos son asignados y podemos tener más cuando tengamos necesidades adicionales en determinadas situaciones. (Para más información sobre ángeles, consultar mi libro *El libro de los ángeles*). Por otro lado, los guías espirituales son almas semejantes a nosotros que alguna vez estuvieron encarnadas en la Tierra y ahora están con nosotros para ayudarnos a mejorar, como Francine.

En estos días, todo el mundo en la Corporación Sylvia Browne está un poco paranoico en relación a citar a Francine. La razón es que, hace más de sesenta años me dijo que si alguna vez utilizaba sus palabras para mi propio beneficio, iba a perder mi habilidad síquica. Así que, cuando la cito, siempre le pido que me corrija si no elijo las palabras adecuadas para expresar lo que me ha transmitido de manera audible o en trance. Sé que Francine me ha sido de gran ayuda y el conocimiento que me comparte ha sido una de las piedras angulares de la filosofía de mi institución.

Quiero dejar muy claro algo: Gran parte de la información que leerás en estas páginas (o que has leído en mis libros anteriores) no fue dada por Francine. Al contrario, los ministros de mi iglesia gnóstica, la Sociedad de Novus Spiritus, y yo, seguiremos respondiendo a las cuestiones particulares que se nos piden. Sólo cuando está a punto de ser una cuestión abrumadora, entro en trance para que mi guía espiritual entre en contacto conmigo y nos dé la respuesta.

No creo que ninguno de nosotros pensara en cualquiera de esas preguntas a menos que otras personas nos cuestionaran constantemente. Es sorprendente y sucede de forma casi telepática que estas preguntas nos llegan en grupos o secciones. Es casi como si algo más grande que nosotros (¿y no ha sido siempre así?) estuviera tratando de propagar esa información. No es que nosotros no hubiéramos sabido sobre los niveles de creación –en mis otros libros he tocado el tema de manera breve, pero no es nada comparado con la información que hemos comenzado a acumular individualmente.

En la serie *Journey of the Soul* menciono los niveles que alcanza el alma cuando regresamos a Casa en el Otro

Lado e incluso cuántas vidas elegimos para llegar al nivel que queremos obtener. Sin embargo, se sabe muy poco sobre los niveles inferiores de la creación o el "inframundo", así que tuve que investigar mucho para reunir información al respecto. Puedo decirte que no sólo la investigación de los siete niveles superiores, sino también de los siete inferiores, en verdad responde a tantas preguntas sobre nuestra mitología e incluso sobre las pesadillas que tenemos... pero no quiero adelantarme.

Cuando comencé a dar conferencias y a escribir, me encontraba con gente que estaba buscando información, pero lo hacía con un poco de pesimismo o con una actitud de "¿qué caso tiene?" –gente que tenía el alma cansada o confundida sobre la vida y la muerte–. De manera que decidí que le contaría al mundo, fuese controversial o no, lo que sabemos mis ministros y yo. ¿Por qué ocultar la verdad? La parte gloriosa del gnosticismo radica en que, desde sus inicios, ha aumentado gracias a la constante obtención de conocimiento. No estoy sugiriendo que el conocimiento no siempre haya existido, sino que ha crecido porque, mientras más preguntas nos planteemos, más respuestas se nos revelan. Es como en el Otro Lado, donde nunca dejamos de investigar, ni de descubrir. Ésa es una de las razones por las que sigo escribiendo; no sólo porque siento la necesidad de compartir nuestros vastos archivos de conocimiento contigo, sino porque parece que todo lo que desvelamos da lugar a más preguntas... y seguimos investigando para hacer más descubrimientos y encontrar más verdades.

Me encanta escribir acerca de Dios pues mi vida está dedicada a Él, pero en verdad es un proceso que no tiene fin. Mira, a medida que aprendo más sobre Dios, mi maravillosa casa editorial me permite actualizar la información sobre Él o añadir más conforme la obtengo. Es una situación en la que nadie pierde: tengo la oportunidad de compartir con mis lectores lo que he aprendido y de publicar otro libro, mientras mi casa editorial continúa aumentando su legado como la editorial líder en publicaciones de libros inspiradores y espirituales en el mundo. Así que, aunque parte de lo que estoy a punto de decirte pueda parecerte familiar o repetitivo si has leído alguno de mis libros anteriores, no olvides que Francine y yo hemos vuelto a revisarlo todo para darte la información más reciente que tenemos. Siempre quiero compartir contigo lo que estoy descubriendo... así que comencemos.

INTRODUCCIÓN

La humanidad siempre se ha preguntado acerca de la creación. Decir que quizá sea el mayor misterio de todos, se queda corto. No hay nada más que preguntas en cuanto a la creación. Sólo mira hacia el cielo nocturno para que comiencen: ¿De dónde proviene la inmensidad del universo? ¿Por qué es tan grande? ¿Cuántas estrellas tiene? ¿Y quién hizo todo eso? Las preguntas son infinitas y, hasta ahora, la humanidad y su ciencia han encontrado muy pocas respuestas.

La mente humana es un maravilloso mecanismo pensante, pero no es capaz de empezar a comprender la inmensidad y el ámbito de la creación. Piensa sobre lo siguiente y reflexiona si tu mente no se siente sorprendida por la enorme e infinita área del espacio:

1. Nuestros telescopios más potentes sólo pueden ver una parte muy pequeña del universo, a pesar de que vemos decenas de miles de galaxias que tienen millones de millones de estrellas o soles y más planetas.

2. La Vía Láctea, en donde se encuentran nuestro sol y nuestro sistema solar, es una galaxia de tamaño pequeño a mediano. Los telescopios han descubierto que existen otras miles que son más grandes.

3. El sistema de estrellas más cercano a nosotros es un grupo de tres estrellas llamado Alfa Centauro, que está aproximadamente a 4.3 años luz de distancia de nosotros.

4. Un año luz es la distancia que la luz recorre durante un año (en el vacío) a una velocidad de nueve mil millones de kilómetros por segundo. Es equivalente a rodear nuestro planeta por el Ecuador un poquito más de siete veces en un segundo.

5. Nuestro sol está a aproximadamente a 149 675 000 kilómetros de la Tierra y la luz recorre esa distancia en ocho minutos. La Tierra se encuentra a 78 860 000 kilómetros de Marte (dependiendo de qué tan cerca esté la órbita de nuestro planeta de Marte). Se necesitaría una nave que viajara a 40 200 kilómetros por hora durante 81 días, o casi tres meses, para llegar a Marte, pero la luz viaja de la Tierra a Marte en un poquito más de cuatro minutos.

Como puedes ver, las distancias son astronómicas (no es broma). Es imposible pensar que la luz viaja a nueve mil millones de kilómetros por segundo y que tardaríamos más de cuatro años luz para llegar al sistema solar más cercano… ¡y estamos hablando del más cercano! Si piensas en los miles de millones de estrellas que existen mucho más lejos, ni siquiera así puedes comenzar a comprender la enormidad del universo, en especial cuando sólo puedes ver una pequeña porción de él. ¿Puedes creer que haya gente que piense que Dios no existe o que está muerto?

Espero que los conceptos que explico en este libro te ayuden a comprender mejor el funcionamiento de nuestro universo y a qué podemos aspirar. El conocimiento nos hace libres y yo creo que también nos acercó a Dios al compartir la noción de que todo tiene un lugar y un propósito.

LOS ESQUEMAS DE LA CREACIÓN

En la creación existen varios niveles diferentes, el que llamamos "Tierra" tan sólo es uno de ellos, así como la dimensión a la que llamamos el "Otro Lado". (Ése es nuestro hogar, de ahí venimos a la vida y ahí regresaremos después de morir).

Como creaciones de Dios, somos parecidos a pequeños átomos en comparación a la inmensidad del universo, así que ¿cómo podríamos comenzar a comprender lo que significó hacer la creación? Bueno, Dios trata de simplificar las cosas para que nuestra mente finita lo entienda y nos da una descripción de siete esquemas. Ahora quiero compartir esa información contigo, la que Francine impartió a mis ministros. La simplicidad y el orden que posee es perfección en sí misma y nos da un poco más de luz sobre nuestros orígenes.

PRIMER ESQUEMA: LA CREACIÓN DEL UNIVERSO

Según los científicos, la creación tardó miles de millones de años y está evolucionando y reinventándose a sí misma. Los sistemas de estrellas van y vienen, los soles se extinguen o se convierten en supernovas y existe un constante movimiento en el universo como lo conocemos. Aunque los humanos estamos limitados por tiempo y espacio, Dios no lo está. Todo lo que existe en la creación está sucediendo, sucedió y sucederá en el ahora de Dios. Cuando se trata de Dios, no existe el tiempo; para Él todo pasa de manera simultánea y encierra el pasado, el presente y el futuro. Si sólo pensamos en la inmensidad y vastedad de la creación y del poder necesario para crearla, quizá podamos hacer a un lado al ego y aceptar que Dios no está limitado por tiempo, ni espacio, de hecho, no tiene limitaciones.

La razón para crear el universo es muy simple: preparar un lugar –o más exactamente, miles y miles de lugares– en donde puedan existir y habitar creaciones vivientes. Así, como cuando tenemos un hijo y queremos que crezca en un lugar agradable, Dios quiere lo mismo para Sus hijos. No puedo decirte cómo Dios creó al universo puesto que ni siquiera los mejores científicos y teólogos lo saben (y dudo mucho que podamos entender una explicación técnica o científica). Entonces, en nombre de la comprensión de la persona común y corriente, sólo diremos que, de alguna forma, Dios creó al universo.

Durante la creación del universo (y esto no confirma ni niega la teoría del "Big Bang", puesto que todo sucede en el ahora de Dios), Dios se aseguró de que ciertos lugares fueran acogedores para la vida como la conocemos. Dichos planetas acogedores se alinearon en la órbita correcta, alrededor de algún sol, o soles, para mantener la vida y pasaron por periodos volcánicos y eras de hielo para que sus superficies estuvieran preparadas para la vida. En particular, otro planeta que ya estaba habitado colonizó nuestro planeta Tierra, pero no está ni aquí, ni allá –el punto es que Dios creó algunos planetas para mantener la vida. Las plantas, el agua, el suelo, la tierra y las criaturas del mar estuvieron listos para la llegada de la humanidad y la puesta en marcha del segundo esquema.

Segundo esquema: La Creación de las entidades

Con los planetas acogedores listos, la segunda parte del enorme plan de creación de Dios fue puesta en marcha e innumerables ángeles de todas las clases acudieron para ayudar con Su creación más grande: nosotros. Como si fuéramos pequeñas bolitas de energía y luz que emanan de la Fuente Divina de luz, cada uno de nosotros porta una parte individual del Creador, en forma de energía, que contiene una mente, un espíritu y un alma. Francine dice que se nos dijo que existimos en estos orbes de luz durante lo que nos hubiera parecido una eternidad, mientras el universo era formado... pero, de nuevo, todo sucedía de manera simultánea en el ahora de Dios. Entonces vino el tercer esquema.

Tercer esquema: Las entidades son enviadas a los planetas

En ese momento las entidades fueron enviadas a diferentes planetas (entre los que no se encontraba la Tierra) en forma de tubos de forma casi cilíndrica, de naturaleza plateada. Una vez que estuvieron sobre la superficie del planeta, los tubos se abrieron para descubrir cuerpos físicos. Cada tubo tenía una forma masculina y una femenina en su interior, unidos como dentro de un capullo. Después se despegaron poco a poco, uno del otro, para formar dos cuerpos independientes que contienen almas masculina y femenina.

Todas las entidades fueron creadas en dualidad de almas gemelas masculina y femenina como reflejo de la naturaleza de Dios, que contiene aspectos de ambos, el masculino ("Dios Padre") y el femenino ("Dios Madre" o "Azna").

Las almas gemelas se desarrollan por separado y se atraen entre sí hasta encontrarse totalmente cerca del final de su desarrollo individual. Y tú sólo tienes un alma gemela –estuvieron conectados juntos en el principio, en su carroza plateada de creación y se separaron para desarrollarse como entidades individuales con su propio libre albedrío, con el fin de aprender para Dios.

A medida que alcanzas el nivel de desarrollo que elegiste, te reencuentras con tu alma gemela en un lazo espiritual, es lo que llamaríamos un "matrimonio celestial". Entretanto, por lo general se ven el uno al otro e interactúan entre sí mientras están en el Otro Lado. Sin embargo, no siempre encarnas con tu alma gemela, esto sólo sucede en raras ocasiones. La lógica es que el alma gemela puede protegerte más mientras están en el Otro Lado que cuando encarnan. A medida que cada uno evoluciona, se acercan cada vez más y no sólo en amor –también sintonizan más espiritual y mentalmente con el otro y de nuevo se vuelven casi como uno solo, como en un principio.

Como siempre, hay algunas excepciones en las que una entidad elige volver a la masa no-creada de Dios más que volver a conectarse con su alma gemela. En esos casos infrecuentes, el alma gemela toma la misma decisión y encuentra a otra pareja, o simplemente decide no tener ninguna. Con tanto qué hacer y tantos amigos y seres queridos junto a ella, la falta del alma gemela no debe considerarse como un sufrimiento.

Puesto que las entidades oscuras comenzaron a manifestarse en los inicios de la creación, Dios cambió las reglas, por decirlo de alguna manera, al establecer el siguiente esquema para crear otras dimensiones de existencia. (En el Capítulo 18 encontrarás una explicación completa sobre las entidades oscuras).

Cuarto esquema: La Creación de otras dimensiones

Puesto que la vida en los primeros planetas se volvió más difícil para las entidades positivas o "blancas" (que somos la mayoría de nosotros) debido a la llegada de la negatividad y el mal, la muerte física se volvió una realidad. La historia de Caín y Abel en el Génesis es una analogía para indicar el surgimiento de la negatividad y el mal, pues Dios marcó a Caín para que los demás no lo mataran y fue enviado a vagar por la tierra. Ésta es una analogía para separar a las entidades blancas y positivas de las oscuras y negativas en una realidad verdadera.

Dios creó una nueva realidad porque la anterior se corrompió con la negatividad. Creó el Otro Lado para que las entidades blancas tuvieran un santuario y no permitió que ninguna entidad mala entrara a esa nueva realidad. Dios también creó más dimensiones para otras creaciones, las conocemos como el "inframundo". (Tendrás más información al respecto en la Parte I). La antigua realidad de los planetas originales ya no existía y se volvió un plano transitorio de existencia. La muerte fue un resultado adicional de este plano transitorio debido a las terribles acciones llevadas a cabo por las entidades oscuras.

La nueva dimensión del Otro Lado se volvió la verdadera realidad para todas las almas blancas de la creación, en donde podían morar para siempre en el amor y la protección de Dios. El ambiente perfecto de amor y felicidad del Otro Lado fue, en cierto modo, la instigación para el siguiente esquema de reencarnación. Mira, todas las áreas que en un principio se utilizaban como lugar de residencia para nosotros se volvieron puntos transitorios de aprendizaje.

Así como nuestro planeta Tierra tiene su Otro Lado propio, en donde se duplica toda la belleza y la naturaleza, otros planetas también tienen su Otro Lado propio, en donde la belleza y la naturaleza de esos planetas se duplican. De hecho, Francine me ha platicado muchas veces sobre lugares magníficos en otros planetas que ha visitado. Me ha asegurado que, cuando nos vayamos de regreso a casa, muchos visitaremos esos mundos y veremos esos maravillosos actos de creación.

En su amor por nosotros, Dios creó santuarios maravillosos y seguros por todo el universo para que vivamos en ellos y los disfrutemos. Un ambiente perfecto de amor, paz y armonía es donde el mal y la negatividad no existen –de manera que tuvo que ser creado el siguiente esquema para que aprendamos sobre ello.

QUINTO ESQUEMA: LA REENCARNACIÓN

La reencarnación es un tema del que me encanta hablar y enseñar, pero no siempre fue así. Como he expresado en otros libros, no siempre creí en esta premisa, de alguna u otra manera, ni siquiera me importaba. Sin embargo, mi querida abuela Ada era una gran creyente de la reencarnación (al igual que toda su familia), y a medida que crecí, fuimos teniendo conversaciones más "adultas". Por lo general, yo las empezaba con mis eternas preguntas y mi abuela y yo hablábamos sin parar sobre temas como la Atlántida, los extraterrestres, los guías espirituales, el cielo, la religión y Dios –así que era inevitable que la conversación llegara a la reencarnación–. Yo era muy escéptica, y aunque comprendía la lógica en muchos de los argumentos de mi abuela Ada, no me identificaba gran cosa con la filosofía de la reencarnación. No es que no creyera... más bien era que no me importaba.

Yo era una ávida lectora, entonces mi abuela me dio algunos libros sobre la materia. Leí sobre Bridey Murphy y otros casos en los que la reencarnación era evidente, me sentí algo intrigada. Pero no fue sino hasta que estaba practicando hipnosis sobre alguien que "brincó" (palabra que uso para referirme a alguien que de repente se va a una vida pasada) y entonces me quedé fascinada y me metí de lleno en la investigación de la reencarnación. Ahora soy una firme creyente y sé que de hecho sí existe. He llevado a cabo cientos de regresiones a vidas anteriores y he revisado otras varias, he descubierto que son muy detalladas. En algunos casos no pude encontrar la información para verificarlas, pero logré confirmar tantas que mi escepticismo desapareció.

La reencarnación es la herramienta que Dios nos regaló para ayudarnos a aprender. Al ser capaces de vivir varias vidas podemos someternos a muchas más facetas de la negatividad que en sólo una vida. La reencarnación explica las injusticias de la vida, como el hecho de que una persona muera joven y otra viva mucho tiempo, por qué algunas son pobres y otras son ricas y por qué algunas tienen discapacidades y otras no. Y la lista sigue y sigue. Con nuestro libre albedrío escogemos las vidas que deseamos vivir, así que podemos elegir ser pobres en una vida y ser ricos en otra. Todos intentamos conocer lo más que podamos, así que las posibilidades de que hayas vivido en la pobreza son tan altas como las posibilidades de que hayas vivido en la riqueza. Todos hemos existido en diferentes lugares del mundo y en todo tipo de culturas y medios raciales. Si eres blanco, muy probablemente hayas sido negro, asiático o indio; si eres negro quizá ya hayas sido blanco, y así sucesivamente. Nos sometemos a todo lo que este planeta ofrece para el propósito único de la encarnación –aprender para nuestra alma y para Dios.

Sexto esquema: Encarnación en otros planetas

Para la comprensión de la mente infinita, éste es el esquema en el que existimos ahora. (Tanto el esquema quinto como el sexto están entrelazados con el propósito de aprender, y la mayoría de los que estamos en la Tierra hemos vivido también en otros planetas).

Francine me dice continuamente que la vida en este planeta es lo más difícil que hay. Sólo las entidades que tienen valor y perseverancia deciden encarnar en la Tierra puesto que es, como me gusta decirle, el asilo demente del universo. Es la mayor escuela en la que puedes graduarte, en la que obtienes tu "doctorado en desarrollo del alma". Para mostrarte lo difícil que es, una gran parte de la creación ni siquiera viene cerca de aquí, y de encarnar aquí ni hablamos. (Yo he encarnado en este planeta 54 veces y ya decidí que o soy tonta o masoquista).

La razón por la cual encarnamos en otros mundos es para obtener diferentes perspectivas sobre el mal y la negatividad. En algunos planetas casi no existe la maldad, ni la negatividad, mientras que abunda en otros, como en la Tierra. Algunos lugares son mucho más desarrollados cuando se trata de tecnología y la manera en que tratan a los demás miembros de la creación, mientras que otros son de naturaleza más primitiva, como la Tierra. Las almas que encarnan en planetas diferentes obtienen un punto de vista diferente: Algunas observan cómo ciertos mundos han básicamente conquistado sus emociones negativas, otras ven lugares donde las emociones son prácticamente inexistentes y el intelecto es el que reina, mientras que en otros lugares son muy emocionales (como en la Tierra), pero de naturaleza más ordenada.

Con miles de millones de planetas habitados puedes encontrar casi cualquier contexto que desees y experimentarlo para aumentar el conocimiento y el desarrollo de tu alma. Cuando termine este esquema en el que nos encontramos ahora, el esquema final de Dios entrará en acción.

Séptimo esquema: La fusión de toda la Creación

El esquema final de Dios es el que todos esperamos ansiosos. Es el escenario que fusiona todas las dimensiones de la realidad verdadera –es decir, todos los Otro Lado de la creación en una sola dimensión de la realidad en donde la armonía, la paz, la alegría y el amor existen ante la magnificencia de Dios–. El Otro Lado de todos los planetas es una representación en miniatura de esa dimensión final, pero su magnitud plena es digna de contemplar.

¿Puedes imaginarlo siquiera? Creo que yo no puedo. Todo lo malo o negativo no existe, es reabsorbido por la Divinidad. Todos los que elegimos amar a Dios y hemos combatido a la negatividad y al mal durante tanto tiempo ya no tendremos que luchar más. El universo ya no será necesitado como una escuela para aprender y será reabsorbido o reservado para otro propósito.

En el séptimo esquema viviremos en la realidad de la belleza y amor inmensos. Será nuestro hogar y un paraíso en el que viviremos por toda la eternidad y nunca dejaremos de existir. Ya nunca tendremos que nacer y morir en la encarnación. Seremos capaces de aprender, estudiar y jugar como queramos, gozando en la maravillosa exquisitez de la gloria de Dios y su imponente amor.

Ahora que me referí un poco a la manera en que el universo está organizado, quiero tomarme un minuto para hablar sobre el resto del libro. Como mencioné antes, la Parte I trata sobre los niveles inferiores de la creación, o el inframundo. La Parte II explica los siete niveles de la vida en el plano de la Tierra, mientras que la Parte III también explica siete niveles –los del Otro Lado–. Por último, la Parte IV te ofrece información nueva sobre algunos temas que he tocado varias veces con anterioridad, aunque fue realmente divertido volver a tratar estos favoritos de siempre y "refrescarlos" un poco, por así decirlo.

A medida que leas, no olvides que, aunque he investigado extensivamente los temas que incluyo, no dejan de ser mis descubrimientos. Espero que tú explores y estudies más por tu bien, y que te quedes con lo que realmente crees. Nunca tomes al pie de la letra nada que alguien diga –a menos que te identifiques con ello.

Una vez dicho lo anterior, ¡comencemos a explorar todos los maravillosos niveles de la creación!

PARTE I
EXPLORANDO EL
INFRAMUNDO

Introducción
a la Parte I

E l tema que quiero examinar en esta parte es uno del que nunca he hablado en ningún otro libro (por lo menos en profundidad): el inframundo. Así como el Otro Lado existe en una dimensión con un mayor nivel de vibración que el de la Tierra, también existe uno con un nivel de vibración inferior. Sé que el tema de los niveles inferiores puede parecer un poco inverosímil para algunas personas, como me pasó a mí cuando lo escuché por primera vez. Pero, aunque pueda sonar como si me faltaran dos tornillos, creo que todo lo que los humanos hemos creado (o imaginado) existe en algún lugar, así que ¿por qué no sucede lo mismo con el inframundo?

La palabra imaginación es una de las peores palabras en el vocabulario puesto que implica algo que no es real. Yo estoy segura de que la imaginación no existe porque la mente puede crear la imagen de algo, y entonces existe de verdad. Por lo tanto, la mente sólo pone de manifiesto un pensamiento.

Por ejemplo, si te pidiera que pusieras en tu mente la imagen de un rito-rito, sería imposible que lo hicieras porque no sabes qué es un rito-rito. Pero si yo te dijera que un rito-rito es un animal pequeño con grandes orejas redondas, pelo largo y de color naranja, nariz pequeña, dientes puntiagudos, garras pequeñas y que no tiene cola, quizá tu mente tendría una imagen similar. Y si te diera más detalles, tu imagen sería más precisa. Esto no significa que realmente estuviéramos creando un rito-rito, pero sí estaríamos extrayendo ciertos elementos de nuestra memoria para formar una imagen. En otras palabras, todos sabemos qué significa "pequeño", cómo son unas "orejas pequeñas", qué es el "pelo de color naranja" y así sucesivamente.

En cuanto a las criaturas del inframundo se refiere, quizá hayamos visto algo similar en alguna película o libro, así que no es difícil saber cómo tomaron forma estos moradores de los niveles inferiores. Como explico en mi libro *Secrets & Mysteries of the World*, esos "tulpas" pueden volverse reales. Puesto que los pensamientos son cosas que tienen energía, cuando esa energía es expresada por medio de una creencia fuerte y emitida por muchos pensamientos, puede cambiar su forma y volverse algo real. La oración puede hacer lo mismo en forma de milagros, y el pensamiento positivo puede llevarnos a tener un cuerpo más sano y mayor éxito en la vida. Si trasladamos esto en forma de creencia dentro del folclore y la mitología, se da la creación... y es la razón de la existencia de los niveles inferiores.

El inframundo no es un lugar geográfico per se, pero es regido por Lilith. Aunque la tradición le otorga un enfoque negativo, en realidad, Lilith es un ser muy avanzado creado especialmente para gobernar los niveles inferiores de la creación. Se relaciona exclusivamente con Azna, la Dios Madre. (No es que el Dios Padre sea excluido porque Él es Quien mantiene todo y a todos en su lugar). Entonces, esto quiere decir que todas las creaciones que examino en las siguientes páginas no son sólo el producto de nuestras creencias y pensamientos –más bien, Dios también tuvo algo qué ver en el proceso.

Un breve informe sobre los niveles

A lo largo de la historia, cada cultura ha hablado sobre su "gente pequeña" como los Menehunes de Hawai, los Leprechauns de Irlanda, los duendes del Bosque Negro de Alemania o el ratón de los dientes de muchas culturas. Tiene que haber una razón por la cual la gente ha mantenido vivas estas antiguas historias por medio de la tradición oral o escrita.

Personalmente creo que conocer sobre los niveles inferiores sólo es para estar informado y debes centrar tu mente en tu propia dimensión. Muchas de estas áreas del inframundo son para niños, puesto que es ahí donde ven hadas, gnomos, caballos que vuelan, unicornios y similares (además, los niños son síquicos).

No olvides que, así como rara vez vemos a los habitantes del Otro Lado, tampoco solemos ver las creaciones que existen en el inframundo. Sin embargo, me gustaría explicar cada uno de los siete niveles y sus habitantes, uno por uno.

EL PRIMER NIVEL - HADAS, NINFAS, DUENDES Y DEVAS

El primer nivel de los niveles inferiores es el más elevado y contiene hadas, ninfas, duendes y devas. Las hadas y los duendes viven en los bosques y cañadas; las ninfas de agua viven en arroyos, lagos y estanques; y los devas son sensibles y viven en los árboles y en toda materia viviente. (La antigua expresión de tocar madera proviene de despertar a los devas para tener buena suerte). Mi abuela le rezaba a los devas que vivían en su jardín y en sus plantas, y juro que si enterraba un palo en la tierra, éste crecía. No sólo tenía buena mano con las plantas... todo su cuerpo era bueno con las plantas. Su jardín era asombroso, tenía verduras del doble de tamaño que los vecinos y sus flores retoñaban y retoñaban con unas flores espectaculares de colores maravillosos.

Al parecer, la mayoría de las culturas acepta a los devas –incluso existen escritos en sánscrito que afirman que los tibetanos creían en ellos–. De hecho, deva significa "ser de la luz más brillante" o "espíritus de la naturaleza" en sánscrito. Estas criaturas están satisfechas con ser, mientras los humanos estamos preocupados con hacer. Y siempre están dispuestos a ayudarnos si sólo se los permitimos.

El grupo inferior de los devas reside en los objetos inanimados como las rocas o incluso la maquinaria. (He conocido gente que verdaderamente lo entendía y le hablaba a su coche, a su estufa, a su lavadora y le pedía que funcionara –y la mayoría de las veces sí funcionaban).

Existe mucha tradición popular sobre estos habitantes del primer nivel en las culturas amerindia y hawaiana, ambas aman y reverencian a la tierra y a la gente pequeña que coexiste con ella. Asimismo, las entidades de este nivel son amistosas con la humanidad y se preocupan por ella, así como por nuestros niños y animales.

El segundo nivel – Gnomos y elfos

Los habitantes del segundo nivel han sido objeto de una reputación buena y mala. Aunque los gnomos son una ayuda para los humanos y las plantas, les interesa más mantenerse al margen y cuidar de los bosques y de los minerales de la tierra. A diferencia de los hermosos duendes, hadas y ninfas, los gnomos parecen ancianos con verrugas, de apariencia gruñona y no sienten un cariño particular por la gente o los animales. Sin embargo, se sabe que han ayudado a animales enfermos en el bosque cuando no ha habido nadie más.

Por otro lado, la conciencia de los elfos está en la Madre Naturaleza y moran en las montañas, los bosques, y cerca de los arroyos. También rehúyen de los humanos, pero no son tan gruñones como los gnomos (que pueden ser iguales a los leprechauns irlandeses). Se sabe que los elfos dejan regalos para los niños desamparados (en el caso de Santa Claus y sus ayudantes) y ayudan a la gente con sus tareas del hogar. De hecho, en la literatura abundan historias como "El zapatero y los duendes" de los Hermanos Grimm, en la que un viejo zapatero estaba demasiado cansado y debía terminar todos los zapatos que le habían encargado, así que los elfos le ayudaron y terminaron el trabajo durante la noche.

En el folclor se decía que los gnomos o elfos (e incluso las amadas hadas) robaban bebés. Por supuesto que no es cierto y seguramente se inventó para ocultar robos cometidos por humanos. Los elfos y los gnomos dan apoyo espiritual a toda la vida vegetal puesto que es ahí donde viven, pero intentan ocultarse lo más que pueden.

El tercer nivel – Gigantes y dragones

Los gigantes y los dragones existen en la mitología (al igual que todos los residentes del inframundo) y están inmersos en el folclor. Desde luego, la Biblia tiene la famosa historia de David y el gigante Goliat y también hemos leído sobre San Jorge que mató al dragón. Tanto los gigantes como los dragones parecen ser criaturas buenas conectadas a los territorios montañosos y han sido duramente criticadas. Se dice que los gigantes viven en bosques antiguos hoy en día. (¿Pie Grande podría ser uno de ellos?). Además, dichas criaturas son inofensivas y la gente muy sensible las ha visto, no sólo en sueños.

Los dragones siempre han sido famosos por su gran fuerza; de hecho, se supone que son capaces de transferir su poder a los humanos a voluntad. Los dragones inferiores sólo existen para proyectar lujuria y poder y se sabe que los superiores curan enfermedades. Los dragones han sido vistos flotando muy alto por encima de las nubes y en todo tipo de colores vivos y parece que no bajan a las atmósferas inferiores –aunque en alguna época lo hicieron, vivían en la tierra, quizá fue al mismo tiempo que los dinosaurios–. Al parecer son una reserva de energía para el planeta, hay grupos que creen que incluso protegen la atmósfera y el aire mismo que respiramos.

EL CUARTO NIVEL – UNICORNIOS Y CABALLOS VOLADORES

El hogar de los unicornios y de los caballos voladores (como Pegaso) es también el primero de los comúnmente llamados "niveles de pesadilla" (en inglés *nightmare*). Creo que la razón es que estos caballos (*mares*, que significa yegua) solían ser vistos por las noches (*night*), de manera que eran *nightmares* (pesadillas).

Según las fábulas o el folclor, sólo una virgen ha sido capaz de domar o capturar al unicornio, y se dice que tiene poderes mágicos. Al parecer, el mítico caballo alado ha andado por ahí como una especie de mensajero del cielo. No debe ser falso porque Francine me ha dicho que ella lo ha visto, y te aseguro, después de haber estado con ella durante casi 70 años, que nunca me ha contado fantasías raras (de hecho, en algunas ocasiones se muestra más pragmática y escéptica que yo, y eso ya son palabras mayores). También vemos caballos voladores en algunos comerciales de televisión o en el logo de una compañía productora de películas puesto que representan libertad y belleza.

EL QUINTO NIVEL – CENTAUROS, CÍCLOPES, TRASGOS Y HECHICEROS

Hemos llegado a un nivel interesante del inframundo, "el nivel barrera", en donde Lilith se encarga de llevar un estricto control de confinación. Es también el primer nivel en el que encontramos creaciones hechas por los humanos, no por Dios. Entonces, en este nivel descubrimos muchas criaturas mitológicas como los centauros (mitad hombre, mitad caballo), cíclopes (gigantes con un solo ojo) y trasgos.

En cuanto a los llamados magos, brujos, hechiceros y brujas que habitan este nivel, no son los amantes de la naturaleza que practican la antigua religión wicca que conocemos en el plano terrenal, sino que son de la especie llamativa de Hollywood con sombreros puntiagudos y palos de escoba, como la Bruja del Oeste del Mago de Oz. Básicamente son tulpas creadas, o formas de pensamiento humano hechas sustancia. Como mencioné antes, cualquier cosa que los humanos hayamos pensado, creído o inventado en nuestra imaginación tiene un lugar en alguna realidad –aún cuando exista en un nivel inferior–. La humanidad puede crear algo por medio de su pensamiento, pero la entidad real no puede colarse a nuestra dimensión porque Lilith, la fuerte guardiana del inframundo, lo impide.

Estoy segura de que así fue como los antiguos romanos y griegos crearon gran parte de su mitología. Alguien, ya sea un sumo sacerdote o un oráculo, se enteró sobre los niveles inferiores. También estoy convencida de que muchos escritores de novelas de fantasía se han asomado un poco a estos niveles para obtener inspiración. Un ejemplo de ello puede ser J.R.R. Tolkien y sus maravillosos libros con orcos, trasgos y hobbits, magos y magia.

Los niveles sexto y séptimo – "Áreas de basureros mentales"

Llegamos a lo que conocemos como "áreas de basureros mentales" del inframundo. Aquí es donde encontramos al "coco", al llamado diablo, al monstruo del Lago Ness (a cualquier otro que entre en la categoría de monstruo), y de más. Estoy segura de que estas bizarras criaturas alteran nuestros sueños porque los traemos de manera inconsciente.

Francine dice que difícilmente alguien visita estos niveles –es más bien que nuestras formas de pensamiento habitan dentro de estos reinos–. No pueden colarse hacia arriba y, a todos los efectos, nosotros no podemos bajar a ellos. Es posible que los seres que viven ahí estén en nuestra mente por estudiar sobre ellos en el Otro Lado o por oír acerca de ellos en esta vida. Las películas, los libros y los programas de televisión los traen a nuestra conciencia, al igual que cientos de cuentos, mitos e historias que se transmiten de generación en generación.

De ninguna manera este conocimiento subconsciente es como las nociones de las vidas pasadas, por ejemplo, la razón por la cual no soportas tener nada alrededor del cuello es porque en una vida anterior fuiste ahorcado, o el dolor que sientes en la espalda y que ningún doctor puede diagnosticar proviene de que en una vida pasada te rompiste la espalda, y así sucesivamente. Al igual que traemos gran conocimiento y talentos de nuestras existencias previas, también podemos traer recuerdos dolorosos, pero nada de esto tiene qué ver con las áreas de basureros mentales.

Debido a que estas creaciones están en un nivel tan inferior, no pueden materializarse –ni siquiera se vuelven reales en manifestaciones de energía mental–. Más bien es como si la humanidad pudiera convocar ciertos tipos de pensamientos bizarros (sexuales, sádicos y masoquistas) y todos ellos se encuentran ahí. Personalmente, creo que toda noción del mal reside ahí...como tendría que ser lógicamente si fuera una especie de almacén para pensamientos de creación.

Me parece que el sexto y el séptimo nivel también contienen pensamientos agradables y divertidos sin ningún propósito real. Con toda esta mezcla de creaciones mentales contradictorias, caóticas, adorables y bizarras, no nos sorprende que nadie visite estos niveles. Quizá estas áreas serían nuestra definición de caos absoluto, con la confusión y la discordancia corriendo desenfrenadas entre la belleza y la armonía, como un bombardeo constante de emociones y sentimientos. ¿Quién querría algo así?

Creo que ésa es la razón por la cual Francine estaba tan renuente a compartir esta información hasta que le insistí tanto. Me aseguró que Lilith (bajo la tutela de Dios Madre, desde luego) jamás permite que estos niveles inferiores se filtren hacia los niveles superiores, lo cual es entendible. No olvides que podemos tener conocimiento sobre este tipo de lugares, pero puesto que no nos afectan en absoluto, no tenemos que preocuparnos por ellos. Los cinco niveles superiores del inframundo tienen conocimiento de nuestro mundo, pero rara vez se filtran en él y no representan amenaza alguna para nosotros. Las hadas, los gnomos, la gente pequeña, los unicornios y de más, no son dañinos para la humanidad y muchas veces ayudan a los niños, a los animales y a la gente mayor. No hay que confundirlos con los ángeles y espíritus guía del Otro Lado, ni con los fantasmas –éstos son más a lo que las antiguas culturas llamaban "niveles mitológicos"... sólo que ellos no son mitos.

Es muy fácil que la humanidad tema al "diablo" o que catalogue como tal a cualquier cosa que no comprenda. Es como pensar que existen demonios y el diablo. Son fantasmas confundidos y traviesos a quienes les disgusta que vivamos en su espacio o dominio, pero no son malvados. En toda mi vida, (y he estado en muchísimos lugares de Estados Unidos y en casi todos los países que puedas imaginar) no me he encontrado a un solo espíritu malvado. Sí he encontrado entidades que no saben que están muertas o que están confundidas o alteradas, pero nunca malvadas.

Estoy segura de que la religión no aprueba la existencia de ciertos seres espirituales avanzados porque siente que quitan mérito a Dios. Pero, ¿cómo podrían? Existe el Dios Padre y Dios Madre y nuestro amado Señor; la otra división inferior como los ángeles, la humanidad, Lilith y sus dominios; e incluso los niveles inferiores que están en su propio nivel de vibración o dimensión de existencia. La creación es lo que es, y sólo Dios conoce su totalidad. Estos niveles inferiores son válidos por la sencilla razón de que la humanidad continúa describiendo su existencia, ya sea en historias, en canciones o en sueños.

Espero que este capítulo te haya ayudado a entender algunas de nuestras pesadillas bizarras. Como dije antes, quizá nuestro subconsciente tiene este conocimiento almacenado porque hemos investigado sobre el inframundo del Otro Lado o nos encontramos con dichas criaturas durante alguna vida anterior en una época más simple. Pero, sin tomar en cuenta la manera en que nos volvimos conscientes de este conocimiento, básicamente lo hacemos con el propósito de estar informados y explicar algo inexplicable. Así que quienes hayan visto a estas criaturas (como yo), no se desesperen, ni piensen que están volviéndose locos... tan sólo es uno más de los rincones de nuestra vasta creación y no existe de verdad.

Capítulo 2
Información adicional de Francine

A hora que estamos en el tema del inframundo, quisiera hacer un alto e incluir lo que Francine me comunicó en una sesión de trance y que recientemente saqué de nuestros archivos. Es un poco largo, pero creo que va a parecerte fascinante, igual que a mí. También te muestra el amplio espectro de investigación que mis ministros y yo hemos hecho a lo largo de los años, así como la cantidad de información que guardan nuestros archivos en varias materias. Durante dicha sesión de trance encontrarás algunas preguntas de nuestro grupo de investigación, las cuales aparecen en itálicas.

Sesión de trance de investigación con Francine - 2 de febrero de 1990

Los siete niveles inferiores de la creación son fascinantes. En ellos residen todos los pensamientos, algunos de los cuales invaden tus estados de sueño, como los monstruos y otras cosas grotescas. Estos niveles se apoyan unos en otros y los siete se aceleran en el Otro Lado. Mientras más alto es el nivel, más acelerada está el alma; pero en los niveles inferiores de la creación, el primero es el más acelerado y el séptimo es el menos acelerado. Es como una imagen reflejada en un espejo. El nivel uno es donde residen los maravillosos duendes, las hadas, las ninfas y los devas –en realidad son una subcultura–. En los Estados Unidos, si empiezas a hablar sobre ese lugar en el que viven las hadas, terminarás por encontrarte con gente que piense que estás loco de remate. Pero en las Islas Británicas no vas a decirle a nadie que no existen. De hecho, la mayoría de los países celtas cree en lo que llaman "gente pequeña" –son las hadas, los duendes y las ninfas, y son hermosos.

Lilith es quien gobierna el nivel de los duendes. Es terrible que sea llamada "la reina de las brujas", es pura ignorancia. Se ha dicho que ella es la dama de la oscuridad, ¡pero no lo es! Es muy cercana a Azna (Dios Madre) y es una entidad hermosa y maravillosa.

Los habitantes de los primeros cuatro niveles sí vienen a nuestro Otro Lado, pero no tienen que hacerlo, y mientras más inferior es el nivel, más infrecuentes son sus visitas. Pueden permanecer en su propia dimensión durante el mismo tiempo que dura la dimensión de la Tierra, y después, cuando todas las dimensiones se fusionen, todos se reunirán con nosotros en el Otro Lado. Ellos no tienen adversidades qué superar, como los habitantes de tu planeta. Creo que por eso es que, cuando una entidad vive una vida en el plano de la Tierra, su tiempo de vida es más corto. Tienes tantas adversidades que te desgastan –si tu alrededor fuera completamente dichoso y maravilloso, lo más probable es que vivieras más tiempo–. Pero las creaciones que habitan en los niveles inferiores no tienen diagramas de perfección. En ese sentido son similares a los animales, son perfectos en sus propios orígenes de creación. No tienen que sobreponerse a la miseria, a la avaricia, ni a ningún otro tipo de problemas. Viven en un ambiente casi perfecto.

P: ¿Reencarnan y cambian de especie?

R: No. Mantienen su grupo perfecto. Lilith siempre permanecerá tal y como es, nunca avanzará a un nivel de humano, aunque sí es una entidad directa de Dios que pertenece a Sus propias especies derivadas.

P: ¿Lilith puede ayudarnos en la vida?

R: Por supuesto que sí. A diferencia de nosotros (los espíritus guía), Lilith y las creaciones de los niveles superiores del inframundo pueden cruzar las dimensiones con mayor facilidad. Es por ello que a veces, algunas personas pueden ver gente pequeña con mayor frecuencia que a los espíritus, porque están en el mismo nivel de vibración que el plano Terrenal. En ciertos países, la gente deja comida para la gente pequeña... ¡y van por ella!

Por ser la reina de las hadas, Lilith es muy poderosa. La única que sabemos que en realidad platica con ella es Dios Madre. No obstante, me consta que Sylvia puede hablar con ella –entró en contacto con Lilith en una época de su vida, pero, siendo razonable, dejó de hacerlo–. Tú también puedes entrar en contacto con Lilith. Es majestuosa, va por el mundo haciendo maravillosas obras buenas. Su objetivo principal es cuidar a los niños. Últimamente ha estado muy ocupada y centrada en todos los niños desaparecidos, situación que se da como una epidemia.

Así que, si estás en contacto con niños que están en problemas –no importa la edad que tengan– pídele ayuda a Lilith porque ella es la "amada de los niños".

P: ¿Cuál es el propósito de Lilith?

R: Protección. El problema es que tienes mucha protección a tu alrededor y nunca has sabido que puedes pedirla. Es como si alguien te hubiera dejado en este planeta sin darte un mapa con la ubicación de los barrancos y los bosques oscuros o de dónde encontrarías a los trolls. Ésta es la peor parte de la vida –te dejaron en una trinchera con un radio que no funciona y te disparan cada vez que asomas la cabeza.

Sin embargo, hay toda clase de entidades a las que puedes acudir. ¡Podrías tener una fortaleza impenetrable a tu alrededor!

P: ¿Podemos pedir ayuda a Lilith y su dominio para animales perdidos?

R: Sí, puedes hacerlo porque se sabe que ella devuelve a los animales. Si le pides que te resuelva eso, te sorprenderá lo poderosa que es.

P: ¿Cómo es que nos protegen estas entidades?

R: Crean un efecto agresivo. Por ejemplo, hace muchos años, Sylvia tenía que hacer una investigación en la mansión embrujada de Winchester, en San José, California. Tenía que hacer una sesión de espiritismo y, como acostumbra hacer, dijo "No quiero saber nada de lo que está sucediendo. Preparen la habitación y después entro yo". Se fue a un patio interior mientras preparaban todo. Era después del horario de oficinas y no se dieron cuenta (o no se acordaron) de que una puerta con cerradura de reloj abría automáticamente la perrera del perro guardián. De repente, un enorme pastor alemán estaba suelto en el patio.

Syilvia estaba sentada en una banca con su esposo y no vio al enorme perro que estaba parado a cuarenta metros de ellos. Muchos animales no tienen tan buena vista –mucha gente cree que sí, pero sólo te sienten y olfatean el aire cuando están más cerca de ti–. Este perro era muy peligroso, así que Sylvia le dijo a su esposo que se quedara quieto… y entonces, me llamó.

Yo estaba desesperada porque temía no estar en un nivel lo suficientemente bajo como para llegar al perro, fue entonces cuando llamé a Lilith, quien estaba en el mismo nivel. Lilith agarró al perro de la piel del cuello y lo jaló hacia atrás, Sylvia y su esposo corrieron hacia dentro de la casa. Ella dijo, "¡Francine, muchas gracias!" Siempre me ha atribuido ese rescate –ahora sabrá que no fui yo quien los salvó.

Si alguna vez te encuentras en una situación similar, pide ayuda a las entidades del nivel inferior para que te protejan. En especial si, por ejemplo, te topas con una osa y sus oseznos. No puedes pedir ayuda a tu guía porque quizá no podamos llegar a ti. Es probable que tus ángeles lo alejen un momento, pero la entidad a la que debes llamar es alguna del mismo nivel.

Ahora sabes que en todos lados hay niveles de protección para ti. Quizá te preguntes por qué Lilith no puede saber que estás en problemas. Bueno, estas entidades no tienen un sistema para rastrear a cada ser humano que esté en dificultades. Pero si tienes el conocimiento necesario para llamarlos por su nombre, una corriente eléctrica llega a ellos como una sirena y así saben que los necesitas. No son Dios, igual que nosotros (los espíritus guía) tampoco, de manera que no pueden mantener vigilado a todo el mundo. Por eso es maravilloso decir, "Lilith, por favor, estoy en esta calle y necesito ayuda". Incluso, el simple hecho de decir su nombre tiene mayor impacto porque estás más cerca de su nivel.

Además de ayudar a los seres humanos, Lilith es una clase de San Francisco de Asís de los niveles inferiores, en el sentido de que protege a los animales. Así que, si tienes un perro o gato que necesite protección o está enfermo, llama a Lilith para que lo ayude. No importa de qué tipo de animal se trate.

P: ¿Para quién experimentan estos niveles inferiores?

R: Para ellos mismos. Y creo que el problema es que mientras más se desarrolla la humanidad y construye con cemento y acero, estas creaciones son más obligadas a salir de su hábitat. En Irlanda existe un caso famoso. Decidieron construir una pista de aterrizaje en Shannon, en los anillos de hadas. Hubo tantos accidentes y retrasos inexplicables que los habitantes de la zona convencieron a las autoridades del aeropuerto de que no destruyeran los anillos. Cuando construyeron la pista en otro lado, los accidentes y los retrasos cesaron casi de forma inmediata.

P: ¿Estas entidades tienen cuerpo? ¿Pueden ser fotografiadas?

R: Sí, y duermen, comen y se reproducen, pero viven en un medio ambiente en el que prácticamente no existe la avaricia, el cual es un ambiente perfecto. Y sí, pueden ser (y han sido) fotografiadas.

P: ¿Existen los "hombrecillos verdes"?

R: No. Ver este tipo de apariciones indica un estado inducido por drogas, lo que significa que la mente está juntando partes de diferentes cosas y uniéndolas, en especial del subconsciente. El subconsciente tiende a fragmentar la realidad en los sueños –puedes ver la nariz de un oso hormiguero con unas patas de pato–. Pasa lo mismo cuando la gente ve elefantes rosas en una borrachera –sí existen los elefantes y el color rosa, lo que pasa es que la mente toma fragmentos y los superpone–. Así es como se crean los monstruos. Son partes de cosas que sí existen y se unen para crear seres grotescos.

P: ¿Cómo saben de nosotros y de nuestras necesidades las entidades de los niveles inferiores?

R: Su forma de vida es más simple. Por eso un animal puede ver a un espíritu más rápido que un humano. ¿Has visto a los perros y a los gatos inquietos en alguna habitación y tú no sabes por qué? ¡Se debe a que sus ojos están despejados! Cualquier animal, ave o entidad de un nivel inferior sabe que va a formarse un tornado o a registrarse un temblor mucho antes que tú gracias a la inocencia de los niveles inferiores.

Los animales no tienen que pasar por niveles de perfección como las entidades humanas porque su mente percibe los sentidos, como: tengo hambre, tengo que comer, tengo que dormir, tengo que aparearme, tengo que beber agua, sobreviviré hasta que me muera. Existen niveles superiores, como los duendes, la gente pequeña, las ninfas, etcétera, que tienen lo que llamamos "mente que capta por medio de los sentidos" pero no tienen dolor, remordimiento, culpa, ni nada de lo que consideramos negativo. Son buenos y constantemente atienden a los humanos, como los devas de la naturaleza y los objetos inanimados.

P: ¿Por qué Lilith y las otras entidades de los niveles inferiores se preocupan por nosotros?

R: En el inframundo, mientras más cercano es el nivel al tuyo, más arraigados y serviciales son sus habitantes. Los primeros cuatro niveles se preocupan en diferentes grados, el primero es el que más lo hace, y claro, ahí es donde habita Lilith. Es la portadora de un mensaje que tiene mucho poder, lo utiliza para ayudar a la humanidad y controlar a los niveles inferiores.

Lilith es tan avanzada que puede estar en tres lugares a la vez. Tiene gran capacidad de hacer movimientos laterales y un gran poder, cuando no puede estar en algún lugar manda a sus consortes y a sus seguidores.

P: ¿Puedes profundizar más en los cuatro niveles superiores?

R: Quizá creas que soy fantasiosa, pero de verdad he visto hadas, sirenas y unicornios, y son hermosos. El otro día vi un dragón de tonos dorados y fue absolutamente espectacular.

Algunos de los cuatro niveles superiores incluso tienen lo que llamamos "magos", o esos seres maravillosos que crearon magia por todo el mundo. Existe un nivel de verdadera belleza, como ya he dicho antes, una atmósfera maravillosa de un mundo de fantasía. Puedes ver ejemplos en el antiguo arte oriental, en especial los hermosos dragones y las maravillosas estatuas de monos –que son traídos de estos preciosos cuatro primeros niveles–. Incluso los tres inferiores (en particular los dos últimos) no están tan mal, pero ahí es donde van los desperdicios de nuestra mente. Nada se destruye jamás en el tiempo o el lugar de Dios.

P: ¿Los dos niveles inferiores incluyen pensamientos de los animales?

R: Sí, tanto pensamientos de animales como percepción por medio de los sentidos. Los pensamientos son cosas que tienen energía y, debido a que nada se destruye, esos pensamientos tienen que residir en algún lugar. Así que, ¿hacia dónde te diriges y hacia dónde te llevan tus pensamientos? Los niveles inferiores jamás te lastimarían, no puedes quedar atrapado ahí y nadie permanece ahí durante mucho tiempo. ¿Te imaginas la enorme cantidad de energía que te golpearía como una explosión que contiene todas las emociones, tanto buenas como malas? Creo que algunas veces, la gente desciende a estos terribles niveles y está convencida de que ahí está el infierno porque las manifestaciones de energía mental comienzan a tener forma.

P: ¿Esas son nuestras pesadillas?

R: Hasta cierto grado pueden ser la causa de algunas de las pesadillas. Si estás preocupado puedes bajar a esos niveles durante el sueño. Lilith es el guardián de esos niveles y puede sellarlos, de manera que si tienes muchas pesadillas, puedes pedirle que cierre esa "puerta". No tienes que seguir descendiendo a esos niveles. A medida que alguien se arraiga en los niveles inferiores y se vuelve más negativo, se acerca más a donde los pensamientos se vuelven cosas.

P: En las experiencias cercanas a la muerte, algunas personas ven un "infierno". ¿Se trata de los niveles inferiores?

R: Por supuesto. Ni a las entidades oscuras les gusta ir ahí, así que puedes imaginarte que es muy desagradable. También es sorprendente que el cielo es muy oscuro en los dos niveles inferiores. Cuando fui era como si todo el tiempo hubiera una tormenta eléctrica sobre mí. Sentí como si estuviera en un cerebro gigante, era aterrador...

y muy pocas cosas me dan miedo. Ninguna entidad reside ahí y nunca hemos perdido a nadie que los haya visitado.

Ninguna entidad que se encuentre en estado de composición fisiológica (vida) debe intentar descender a los dos niveles inferiores. No le haría daño, pero sólo podría ir una vez. Algunas veces, quienes están en un estado astral pierden la concentración y se quedan atrapados en los dos niveles inferiores. De nuevo, pídele a Lilith que cierre la puerta para que no te pase esto.

También es por esto que los niños tienen pesadillas. Son unas entidades tan maravillosamente curiosas que no quieren permanecer en sus cuerpos, siempre están viajando en un estado astral. (Christopher, el hijo menor de Sylvia, casi vuelve locos a los del Otro Lado cuando era niño porque siempre estaba en los escalones del Salón de la Sabiduría y yo lo alejaba por lo menos cuatro o cinco veces por semana). Esto es peligroso porque un niño puede perder la concentración fácilmente –van a los niveles inferiores y se ponen a jugar con las hadas–. ¡Por eso insisto en que te quedes en tu propio nivel! Sí, es maravilloso creer en las hadas y los unicornios y de más, pero los niveles deben permanecer puros dentro de ellos mismos.

P: ¿Por qué llaman "áreas de basureros mentales" al sexto y séptimo nivel?

R: Lo extraño de los dos niveles inferiores es que contienen principalmente pensamientos desechados, lo contrario del Otro Lado, que es depositario de ideas frescas, positivas y benéficas. En los dos niveles inferiores, los pensamientos se vuelven turbios y confusos, como si pusieras demasiados colores al mismo tiempo. De manera que estos pensamientos son la basura desechada y los dos niveles inferiores se vuelven el basurero de la "radiación nuclear" de nuestra mente. Y algunos se ponen muy feos.

De manera que los dos niveles inferiores son esencialmente basureros mentales. A veces pienso que se filtran de uno a otro, pero nunca pasan del quinto nivel porque es dominio de Lilith. La locura y el fanatismo religioso se sumergen en estos espantosos niveles. Los más fanáticos son los que siempre están predicando sobre el fuego del infierno y la fatalidad. Los pensamientos se vuelven cosas, así que empiezan a crear sus propios demonios. Llevan esas terribles cosas a su mente y terminan por poseerse con sus propios pensamientos.

P: ¿Los pensamientos en los dos niveles inferiores son principalmente creaciones inutilizables?

R: Sí. La mayoría proviene del mundo de los sueños o del reino de la locura, los cuales tienden a ser capaces de abrir dichos niveles inferiores. La locura no se apodera de dichos pensamientos, pero sí los hace más alucinantes. Lo importante no es evocar los dos niveles de los pensamientos que son del tipo de las pesadillas, excepto por el simple hecho de que sabes que existen y que permanecen en su nivel específico. No están compuestos de ningún tipo de realidad, a diferencia de los cuatro primeros niveles.

Contrario a los cuatro primeros niveles, los dos inferiores están hechos de "pensamiento-cosas". En otras palabras, son creaciones de la humanidad, mientras que Lilith y todas las entidades de los niveles superiores son creaciones de Dios. Eso te muestra que los humanos, aunque son imagen y semejanza de Dios, no crean muchas cosas buenas. La única manera en que las creaciones y los pensamientos malos pueden escapar del inframundo es a

través del proceso de pensamiento, e incluso ahí son refle-
jados de manera transparente, como llegan las visiones a
quienes están mentalmente enfermos. En otras palabras,
en realidad no están ahí –son llevados a través de las alu-
cinaciones.

Lo que intento decir es que ninguna criatura horrible de
los dos niveles inferiores va a venir en la noche a morderte
las piernas hoy en la noche. No lo olvides: eso no existe.

Parte II
Los siete niveles
de vida en la
Tierra

Introducción
a la Parte II

E s interesante destacar que, así como el inframundo tiene siete niveles, la vida en la Tierra también tiene siete niveles. Recuerdo cuando viajé a Egipto y estaba en la Gran Pirámide de Keops, cuando iba subiendo por la Gran Galería, que no es tan fácil, empecé a ver en las paredes imágenes del paso de la humanidad por la vida. (Mira, la Gran Pirámide no era sólo una cámara mortuoria, sino que estaba planeado que fuera un templo para enseñar a los humanos a elevarse hacia la paz y la gloria en el más allá).

Así es que en esta vida tenemos etapas que experimentar. Y no sólo me refiero a los cambios físicos u hormonales que sufrimos –aunque también hablaré de ellos– sino a los niveles que nuestra alma alcanza para sobrevivir y progresar para obtener aprendizaje y avance espiritual. Mientras más profundo entremos en la creación y en nuestra parte de ella, nos volveremos más conscientes de que todo lo grande y lo pequeño tiene un orden y un propósito. Quienes dicen que no hay orden sólo tienen que mirar a su alrededor y ver que nada de lo que existe puede ser (ni es) coincidencia...

CAPÍTULO 3

EL PRIMER NIVEL: EL NACIMIENTO

Lo primero que sucede cuando un alma entra al cuerpo físico es que comienza uno de los viajes más difíciles y fortalecedores que jamás experimentaremos.

Después de hacer tantas regresiones, dejé de llevar a mis clientes hipnotizados por el proceso del nacimiento, puesto que hacer que revivieran sus agonías no servía de nada. Sólo me acerco a ellos y los pongo en una situación de observadores, de esta manera ellos pueden ver el nacimiento, pero sin tener que experimentarlo. Pueden tener el conocimiento de que es muy doloroso nacer en este caos y ser separado de la dicha y de nuestros seres queridos sin tener que vivirlo.

Aunque nunca estamos solos en la Tierra, no es como estar en Casa. Aquí, cambiamos de un cuerpo espiritual glorificado que no padece enfermedades, ni tiene preocupaciones, a uno limitado por la gravedad. Algunas almas permanecen en el útero durante poco tiempo, pero es más común que entremos justo antes del nacimiento. Y la razón es, como dice Francine, que es muy aburrido para la entidad estar sentado dentro de la madre sin nada que pueda hacer.

Muchos estudios han intentado probar que los traumas que sufre la madre durante el embarazo afectan al bebé, pero la experiencia me ha enseñado que la entidad hace su propio esquema y sabe lo que ha elegido. Algunas veces se retracta porque siente que eligió demasiado; entonces se dan casos en los que la entidad se va pronto, quizá para ayudar a los padres en una lección de pérdida (que ellos también eligieron en su plan). Nada sucede por accidente y, por difícil que sea para cualquiera perder un bebé, no podemos olvidar que los involucrados lo planearon o, al menos, lo determinaron como una posible opción.

Muchas veces, los padres se culpan a sí mismos por la pérdida de su bebé, pero no deberían tomarlo así, a menos que hayan abusado de sí mismos al consumir drogas, alcohol o al hacer alguna acción equivocada. Incluso en ese caso, la entidad lo sabría y podría haberse retractado de intentar que los padres recapacitaran.

Al parecer, cuando están en el útero, los bebés están mejor cuando la madre está más tranquila, quizá porque escucha música suave, medita o lee en voz alta. Si estás embarazada, no olvides que dentro de ti llevas una entidad consciente que está separada de este mundo sólo por una membrana delgada de piel.

Estoy segura de que mi hijo mayor, Paul, era tan temeroso del bebé porque yo tenía un matrimonio lleno de abusos. Mi pequeñito no quería estar alejado de mí ni un centímetro, no podía dormir, pero lo más importante es que tenía mucho miedo. Creció y se volvió muy fuerte, pero ese primer año fue muy difícil... y sobre todo, fui una de esas madres que tuvo depresión postparto (y en esa época yo no sabía nada al respecto). Para cuando nació mi hijo menor, Chris, aprendí a tratar de ignorar mi situación y separarme, por consiguiente, se volvió más tranquilo y dormía mejor.

Siempre he dicho que hay que cuidar lo que dices frente a un bebé. Es una entidad que tiene mente y vidas anteriores, y lo que digas puede dejar huella al instante (como pueden testificar los siquiatras y quienes llevan a cabo regresiones en pacientes que tienen traumas de nacimiento recientes).

Imagínate como es venir al mundo: pasas por un túnel estrecho, la presión casi te saca el aire de los pulmones, te sacan bruscamente y te dan nalgadas, unas manos grandes te sostienen, las brillantes luces te dan en la cara y hay gente extraña arremolinándose a tu alrededor. Además estás desnudo y tienes frío; hay gente poniéndote cosas en la nariz, en los ojos y en la boca; eres chiquito y vulnerable, acabas de irte del paraíso de tu Casa, donde había paz y felicidad, dejaste a tus seres queridos. ¡Con razón lloran los bebés!

Ahora, todos tus órganos tienen que funcionar, mientras que en el Otro Lado no era necesario. Aunque estabas en un cuerpo maravilloso y tangible cuando estabas en Casa, no tenías que preocuparte por respirar, ni por bombear sangre con tu corazón, ni por eliminar deshechos. Ahora tienes que dormir, comer y acostumbrarte a ver, a oír y a sentir en un mundo que es cien veces más denso que del que vienes.

La gente con buenas intenciones hace caras chistosas, habla en voz alta y de manera rara que nadie entiende (¡ni siquiera un bebé!) y te soplan en el estómago y te abrazan mucho cada vez que te ven. Imagínate que eres una enti-

dad que acaba de llegar a este mundo y tienes que padecer estas cariñosas, y algunas veces ridículas, muestras de
cariño, ¿cómo no confundirse? Después de todo, acabas
de llegar de un lugar en el que las conversaciones pueden
ser verbales, pero la mayoría de las comunicaciones son
por telepatía real. Y como insulto final, en la memoria
pasiva de tu alma sabes lo que se avecina en esta vida. De
hecho, probablemente tendrás recuerdos nítidos de Casa
y de otras vidas hasta los tres años, a partir de entonces
comenzarán a desvanecerse.

Muchos padres me han dicho que sus pequeños vieron
o hablaron con sus "amigos imaginarios" (que en realidad
son sus espíritus guía) e incluso con seres queridos que
han muerto. Los niños deben ser escuchados, no desani-
mados, cuando nos cuentan historias sobre su "otra familia", donde vivieron antes o incluso sobre la gente que ven
o lo que dicen. Por otro lado, tampoco debemos acosarlos
para que nos cuenten esas historias... debemos dejar que
sus comentarios salgan de manera natural.

Mi nieto Willy, que nació después de la muerte de mi
padre, encontró una foto de él en mi escritorio. Volteó
a decirnos a su padre (mi hijo psíquico, Chris) y a mí,
"Miren, es el viejo Poppy". ¡"Viejo Poppy" le decíamos
a mi papá cuando ya era grande! Después, Willy cambió
la mirada y, con un tono de voz más grave que el de siempre, dijo, "¡ésa es mi niña! –que era como a mi padre le
gustaba decirme –mientras me veía directamente a mí–.
Luego siguió con sus sonidos de bebé, y mi hijo y yo nos
quedamos asombrados. Me dio un escalofrío por todo el
cuerpo cuando me di cuenta de que mi padre había podido
utilizar la mente flexible e inocente de Willy durante unos
instantes para mandarme un mensaje.

Igual, cuando Paul tenía dos años, me dijo que había vivido en Francia y que sus padres tenían un viñedo; y más o menos a la misma edad, Chris me dijo que era un vaquero al que le habían disparado, que su caballo se llamaba Cinder y que su hija salió corriendo de la casa y le sostuvo la cabeza cuando se estaba muriendo. Puedes decir que mis hijos vieron ese tipo de cosas en la televisión, pero ningún bebé de dos años utiliza las palabras "hija" y "viñedo".

Los recuerdos tienen que desvanecerse porque, de otra manera, no sobreviviríamos en este planeta. A pesar de que estoy convencida de que siempre padecemos algún tipo de nostalgia que está en nuestro ADN espiritual, si fuéramos capaces de recordar con detalle el gozo y la felicidad del Otro Lado, todos querríamos tirar la toalla y decir, "¡que la vida en esta Tierra se vaya al demonio!".

CAPÍTULO 4

EL SEGUNDO NIVEL: LOS AÑOS DE FORMACIÓN

Gracias a 18 años de dar clases, la mitad de los cuales fue en escuelas primarias, vi en primera fila los años de formación. No son sólo cuando entra la memoria celular de las vidas anteriores, sino también cuando se arraiga la visión de nosotros mismos. La memoria del Otro Lado ya se ha desvanecido y comenzamos con el prolongado y difícil viaje de conocer y rellenar nuestro plan escrito. Comenzamos a aprender a hacer caminar y a controlar un cuerpo pesado que depende de la gravedad. Suena algo extraño, pero es casi como alguien que sufrió una apoplejía y debe volver a aprender todo.

Durante este periodo, en un mundo perfecto –que claramente no lo es– somos abrazados y amados, alimentados, nos mantienen calientitos, juegan con nosotros y nos enseñan a ir al baño. (No quiero decir que esto no pueda ser la norma, pero tu infancia pudo haber sido del tipo de la mía, donde mis abuelos me dieron amor, pero no recibí amor de parte de mi propia madre).

Así que gran parte de este nivel también está relacionado con cómo reacciona el mundo en nosotros y cómo reaccionamos nosotros en él. También es cuando pueden comenzar los terrores nocturnos o el comportamiento regresivo o agresivo, nuestros gustos y aversiones e incluso comienzan a formarse nuestros afectos. En otras palabras, nos volvemos conscientes de quienes somos y de lo que realmente disfrutamos (y no disfrutamos).

Muchas veces nos fuerzan a hacer algún deporte o a tomar clases de piano, y no es porque nosotros lo queramos, sino porque nuestros padres sienten que es injusto no ofrecernos suficientes actividades. Del otro lado de la moneda, algunos cuidadores sienten que es suficiente con proporcionar comida, ropa, casa y satisfacer las necesidades físicas. Sin embargo, no puedes ser muy severo con los padres de ninguna edad, en ninguna época, puesto que siempre lo hacen lo mejor que pueden. Por ejemplo, yo nací durante la Gran Depresión, así que sólo sobrevivir era toda una hazaña.

También encontramos gente cuyos padres tienen mucho dinero y a éstos les parece más fácil comprar que platicar y amar. No obstante (y quizá diga esto varias veces), escogemos todas estas situaciones para ayudar en lo que nos convertiremos: hay quienes son alimentados con cuchara de plata y se convierten en buenos samaritanos o grandes líderes; mientras que otros que tuvieron grandes oportunidades de riqueza y educación, terminan inmersos en drogas o en abusos. Pasa lo mismo con algunas personas que surgen de un ambiente de pobreza, drogas, alcohol, hogares destruidos, discriminación, etc., que se vuelven personas de provecho; mientras que otras se hunden todavía más en el lodo de un ego exagerado, de la depravación o del crimen.

En este punto, el alma comienza a enfrentarse a sus retos... de forma gradual y, a menudo, dolorosamente.

Hablando de retos, la escuela puede ser uno muy grande porque nos separan del ambiente conocido, y quizá estable, de nuestra casa y nos dejan en un lugar extraño con gente que nos encuentra agradables o desagradables. ¿Somos demasiado altos, demasiado gordos, demasiado bajos o demasiado delgados? ¿Somos parte de los "buena onda" o somos marginados o rechazados? Aquí es cuando la disciplina externa parece no encajar con lo que hay dentro de nosotros. Por desgracia, es también cuando nos hacen bromas o aprendemos de ellas para hacer lo que creemos correcto para sobrevivir, como a quién adular, a quién ignorar o incluso reconocer a quién nos amará por nosotros mismos (lo cual es un reto de toda una vida).

Adquirimos experiencia en casa y como resultado de la presión social que nos rodea. Nuestros hermanos (si los tenemos) y nuestros padres desempeñan un papel muy importante en nuestro desarrollo social y espiritual. Nos preguntamos, ¿mis hermanos me quieren? y ¿mis papás favorecen más a uno que a los demás? Este tipo de preguntas son importantes y se vuelven todavía más importantes en el desarrollo de nuestra alma en los años venideros.

Ahora, antes de avanzar más, vamos a explorar nuestro desarrollo espiritual. En algunos casos entra de inmediato, pero la mayoría de las veces es necesario tener mucha experiencia de vida –incluyendo interpretar papeles, mentir, protegernos o decepcionarnos a nosotros mismos– antes de descubrir para qué hemos encarnado. Muchas veces, la vida es como una guerra, y así como un soldado no puede pensar detenidamente en las cosas que tiene que hacer debido a la situación en la que se encuentra, nuestra necesidad de sobrevivir y de ser amados puede llevarnos a seguir un camino que normalmente no tomaríamos. De nuevo, entra en acción el plan que está siempre presente y nos empuja a aprender y perfeccionarnos de manera continua.

Los obstáculos tan sólo son una parte de la vida. Por ejemplo, yo sabía que mi madre no me quería y el hecho de que mi padre me quisiera tanto no ayudaba (porque ella estaba celosa). Bien, podía elegir una de dos opciones: volverme como la persona que me maltrataba, o volverme una mejor persona y madre gracias a ello. Todos podemos ser castigados o estar rodeados de celos sólo por ser quienes somos –no porque hayamos hecho algo malo o equivocado– lo cual resulta demasiado confuso para que el alma lo entienda.

De manera inherente, todos queremos ser queridos y que nos pongan atención. Por desgracia, nos damos cuenta de que llorar, rogar, adular, hacer berrinches, manipular y controlar no dan buenos resultados. Nadie nos eligió para ser rey o reina, y aunque lo hubieran hecho, tal posición tiene sus propios inconvenientes. Incluso algunos de mis clientes más poderosos y adinerados tienen unos problemas que ni te imaginas. Se angustian –¿Voy a perder mi dinero? ¿La gente me quiere por mí?

También llega un punto en el que nos damos cuenta de que el mundo es difícil. Descubrimos lo que nos gusta y lo que nos disgusta y siempre entraremos en competencia con otras personas para sobresalir, pero, ¿sacrificaremos nuestros principios, nuestra ética y espiritualidad para vencerlas? Aunque sea algo tan simple como aprender a ir al baño, jugar, ser castigados o salir librados de acciones por las que deberíamos ser responsables, en este segundo nivel vamos a descubrir quiénes son nuestros amigos y quiénes son nuestros enemigos. Esperemos que seamos capaces de aprender lo que nos enseñan las acciones de los demás y que nos volvamos mejores personas.

CAPÍTULO 5
EL TERCER NIVEL: APRENDIZAJE

A medida que abandonamos los años de formación, todo lo que hemos experimentado hasta ahora comienza a arraigarse. En un principio puede ser de manera lenta, pero seamos conscientes de ello o no, poco a poco comenzamos a darnos cuenta de que recibimos lo que damos –puede ser algo tan simple como que si somos mezquinos, nadie querrá estar con nosotros.

Incluso en la escuela, el aprendizaje es muy poco al inicio y se queda en un segundo plano ante el comienzo de las facetas de presión social. La escuela se vuelve un microcosmos de la vida a medida que nos preguntamos, ¿Me gusta o me disgusta? ¿Soy capaz de hacer amigos? ¿Soy capaz de ser un amigo? Es cuando empezamos a ver a los que intimidan, a los que manipulan y a los que son favorecidos o elegidos –algunas veces sólo porque son diferentes.

También comenzamos a tener conciencia no sólo de nuestros compañeros, sino también de nuestros profesores. Con suerte ya tendremos una buena cantidad de conocimiento innato, pero cada época y lugar tiene su conjunto propio de moral y ética. Por ejemplo, las mujeres en África andan con el pecho descubierto, pero aquí sería moral y socialmente incorrecto. En Francia era aceptable ser cortesano en el siglo XVI (y dicho individuo gozaba de un estatus social alto), pero en el siglo XXI, dicha actividad es considerada como prostitución o adulterio. No estoy criticando, ni condenando, sólo quiero mostrarte lo diferente que puede ser la moral dependiendo de la cultura y cómo cambian las buenas costumbres de las sociedades con el paso de los años.

En este punto, el Otro Lado comienza a surgir, pero no tanto como la adolescencia, ni la idea de amor, que empiezan a operar en nuestra mente. Comenzamos a amar a nuestros padres y a saber que los queremos. Elegimos a nuestros amigos y rechazamos a otros. ¿Soy querido? es un tema que se repite en todos los niveles, y muchas veces nos prepara para rechazar o ser rechazados. Todos podemos ser engañados en una u otra ocasión, pero poco a poco aprendemos a discernir quién es bueno y quién es antipático de la gente que nos rodea… aunque sean miembros de la familia.

En el tercer nivel comenzamos a tener una creencia religiosa o por lo menos, curiosidad sobre Dios. Por ejemplo, mis nietos empezaron a preguntar sobre Dios y el Otro Lado cuando estaban en este nivel a pesar de que no habían sido expuestos a ningún dogma. Y cuando era profesora de escuela (mucho antes de que comenzara la enseñanza religiosa), la gente joven se preguntaba de dónde venía. Sí, le da curiosidad cómo se hacen los bebés, pero es más que eso, de verdad quiere entender sus orígenes. Esto es resultado directo de su plan.

También comenzamos a aprender la culpa y desarrollamos una conciencia. Claro que distinguimos el bien del mal, pero nos es útil si nuestro plan es muy específico. No es que no escribamos cada faceta en él, pero Francine dice que a veces somos negligentes y sentimos que automáticamente sabremos lo que hacemos en el Otro Lado. Por lo tanto, podemos tardar un poco en familiarizarnos con nuestra moral, conciencia y conciencia espiritual. (Con el tiempo lo lograremos, pero es mejor que sea antes que más tarde). A medida que crecemos, nuestra espiritualidad crece con nosotros. Estoy convencida de que, conforme avanzamos a través de los niveles, poco a poco empezamos a saber lo que nos conviene, ya sea una religión organizada o sólo una búsqueda externa. Es sorprendente ver cómo mientras más avanzados nos volvemos, más buscamos la verdad, el conocimiento y las respuestas, como Jesús nos indicó que hiciéramos.

En este nivel es cuando descubrimos nuestras preferencias y los llamados roles en el mundo que nos rodea –que incluye quiénes son los malos y los bravucones, y también que las niñas y los niños son diferentes–. A pesar de que antes no veíamos las diferencias de color o de razas, ahora empezamos a notar que sí somos diferentes de otras razas y credos. Si tenemos suficiente espiritualidad, y no se nos enseñó otra cosa, a medida que crecemos y maduramos, dichas diferencias no tienen importancia. Y esto se debe a que en nuestra mente espiritual sabremos que hemos sido de todo en nuestras vidas anteriores.

Nuestro subconsciente sabe que hay muchas probabilidades de que hayamos sido de todos los colores, credos y razas, y que hemos vivido como hombre y como mujer. Aunque, si nos crearon como hombre o como mujer, permanecemos con el mismo sexo con el que nos crearon en el Otro Lado. Podemos venir a la Tierra con el sexo opuesto para vivir la experiencia –es decir, para aprender– y ésta es una de las razones principales de la homosexualidad. Con el tiempo comenzamos a tener consciencia de que nuestro amoroso Dios acepta y perdona todo.

También nos volvemos conscientes de las cosas en las que podemos sobresalir. Nos damos cuenta de que somos mejores para algunas cosas que para otras –quizá no podamos ser un artista o una estrella del deporte, pero tenemos talento para las matemáticas y la química, o viceversa. Y durante todo el proceso seguimos nuestro plan y sobresalimos.

Es probable que este nivel sea el más difícil de la vida porque implica aprendizaje activo y dura muchos años, desde los años formativos hasta la edad adulta. En realidad no termina sino hasta que morimos…pero sí nos ayuda a completar nuestra misión para Dios.

CAPÍTULO 6

EL CUARTO NIVEL: PREADOLESCENCIA Y PUBERTAD

En este nivel la vida entra pisando fuerte, y de verdad que puede pisarnos los callos. Puede ser que antes hubiéramos entendido la presión social, pero no fue tan profundo como ahora. Ya no estamos en el útero del hogar, ni siquiera estamos en el paraíso seguro de la escuela primaria en donde nuestros compañeros eran las personas con quienes crecimos y aprendimos a sobrevivir. No, de repente nos avientan a un medio ambiente nuevo, y como cereza del pastel, separaron a todos nuestros compañeros de clase y ahora nos enfrentamos a diferentes profesores, amigos y rutinas. Es una especie de impacto cultural y nuestro lado humano desea como nunca agradar y ser aceptado. Un profesor que quise y admiré mucho, una vez dijo que estos años de preadolescencia y pubertad forman la visión de nosotros mismos que tendremos durante casi toda nuestra vida. No obstante, maduramos después de este nivel.

Es una época en la que nos enfrentamos a la gran presión social para fumar o beber, además de que la atracción fatal de las drogas parece estar en todos lados. De hecho, hace unos 30 años estaba en un programa de televisión donde la gente da su opinión y me preguntaron qué era a lo que los jóvenes debían temer. Cuando contesté, "a las drogas", todo el mundo guardó silencio y se quedaron quietos. Claro que en mis tiempos había sustancias ilegales, pero no como ahora. Para la mayoría, la palabra coca significaba un refresco y lidiar con el alcohol era lo peor que podía pasarnos. Además, no soporto nada de eso. Cuando bebo alcohol me siento terriblemente mal y soy tan sensible a las drogas que no soporto cuando necesito tomar antibióticos o cualquier tipo de analgésico. Una vez, el doctor me dijo, "Ojala que nunca te enfermes de gravedad porque eres alérgica a todo". ¿No es un pensamiento tranquilizante?

Incluso si nos vemos atrapados en el uso de sustancias nocivas, la espiritualidad puede ayudar a que nos demos cuenta de que no podemos permanecer así toda la vida. Si nos salimos del rumbo, es imperativo que volvamos a tomar el camino puesto que significa que hemos aprendido. Si todavía no hemos aprendido, podemos regresar a Casa y elegir volver en otra vida para terminar lo que no completamos en ésta (o cualquiera en la que no hayamos hecho frente a la vida de maneta directa). No debemos olvidar que ninguna sustancia es capaz de eliminar las tragedias, ni las decepciones de la vida porque, eventualmente, tendremos que enfrentarlas. Si tomamos pastillas para levantarnos, para dormir o para terminar el día, nos volvemos como un robot que trata de aliviar el dolor, las penas o las decepciones –son las cosas de las que aprendemos–. No podemos perfeccionarnos si permanecemos anestesiados.

En este nivel también encontramos a las pandillas, que surgen porque parecen emocionantes. Así mismo, la preadolescencia y la pubertad traen con ellas una sensación de "No me pasa nada... Soy inmune al peligro". Además, hay tantos jóvenes que sienten que no hay nada que puedan esperar, en especial cuando ven el caos del mundo. Con una familia que está separándose, los chicos que buscan aceptación, la encuentran en otro tipo de unidad familiar. El jefe de la pandilla es como la figura paterna y el resto son como hermanos que permanecen unidos ante las adversidades del mundo. Incluso, algunos se llaman "mano" entre ellos, que es diminutivo de "hermano".

Ahora bien, la mayoría de los padres no tienen la intención de que su familia se separe, sin embargo, casi todo el tiempo están tan ocupados trabajando y tratando de salir adelante que se les olvida cómo reunir a sus seres queridos y realmente platicar con ellos. Si los miembros de la familia se sentaran juntos a la mesa durante la cena y se preguntaran unos a otros cómo les fue durante el día y realmente se escucharan, lograrían dos cosas: (1) cada persona se sentiría importante, y (2) serviría para que toda la familia entendiera qué les alegra y qué les preocupa. Las líneas de comunicación estarían abiertas.

Sé que comunicarse con los chicos de esta edad no es fácil debido a los cambios hormonales que atraviesan; la mayoría de las veces, los jóvenes en cuestión ni siquiera saben qué le está pasando a su cuerpo. La otra noche, mi nieta de 13 años me dijo, "Abue, a veces lloro sin ninguna razón".

Le contesté, "Ay, Angelia, cuando yo tenía tu edad, me metía a mi cuarto a escribir poesía, a escuchar canciones tristes y a llorar... y entonces alguien me llamaba y me iba a ver a mis amigos, y de repente todos nos estábamos riendo y pasándola bien".

Se quedó mirándome y preguntó, "¿En serio? ¿Te pasaba lo mismo?".

"Sí, mi amor", le contesté con una sonrisa. "Aunque no lo creas, tu Abue alguna vez tuvo tu edad". Y ése es otro asunto: Nunca jamás dejes que se te olvide lo difícil que es ser joven. La vieja frase "Cuando yo tenía tu edad, tenía que hacer esto y esto…" ya no tiene sentido. Es mucho mejor empatizar con ellos y escucharlos. A fin de cuentas, todos queremos encontrar a alguien a quien tener como modelo o ser la persona a quien otros tienen como modelo. Mi abuela Ada tenía 70 años cuando nací, pero fue un modelo maravilloso, y también algunas monjas y sacerdotes que conocí, así como mi padre, quienes siempre me escuchaban. Nunca es demasiado pronto para hablar con tus hijos sobre pedofilia, drogas, alcohol y tabaco. Mi abuela decía que si alguien hace una pregunta, entonces está listo para aprender.

En este nivel, algunos chicos recurren a robos o a alguna otra actividad ilegal. La verdad es que parece que nuestra sociedad aprueba la vida de crimen –con coches lujosos, hermosas mujeres fáciles y mucho dinero para gastar– la industria del entretenimiento se ha encargado de hacerla atractiva. Sin embargo, todas las culturas, aunque sean primitivas, tienen sus leyes y códigos morales. De hecho, el primer prerrequisito del comportamiento humano es que todos sigan las reglas del país, ciudad, provincia o tribu a la que pertenecen; de lo contrario, surge el caos. Por desgracia, en estos tiempos no existen muchos ídolos que sean modelo a seguir para los chicos; es cierto que algunas figuras públicas tienden a hacer lo correcto, pero muchos otros sólo exaltan la sexualidad. Claro que no podemos culparlos puesto que la sociedad es la que dicta lo que vende.

Algunas veces, los adolescentes creen que intimidar o ser irrespetuosos es "chido". Siempre he creído que si los adultos somos respetuosos con los jóvenes, podremos aprender tanto como ellos. A algunos adultos nos sale de manera natural, mientras que otros deben aprenderlo, pero no importa, el respeto crea respeto, y celebrar quienes somos nosotros y quienes son los demás siempre tiene buenos resultados. Cuando era profesora me di cuenta de ello, el director siempre me mandaba a los estudiantes más difíciles de manejar. Hacerlos sentir valiosos era toda la diferencia... y a cualquier edad funciona saber que somos valiosos ante los ojos de Dios, además de que aumenta nuestra espiritualidad y autoestima.

Mientras que muchos de los retos de la adolescencia son obvios por naturaleza, muchos otros pueden provenir de vidas anteriores. He observado a las chicas de la clase de Angelia y me recuerdan a las chicas a quienes les he dado clase: Algunas comienzan a preocuparse por su cabello y a interesarse en moda, música y maquillaje, mientras que otras siguen siendo "niñas" un poco más. Por insignificante que parezca, madurar más rápido o desarrollar fobias sobre ciertas cosas como el fuego, ahogarse, pérdidas o abandono, en realidad puede ser un recuerdo de vidas anteriores.

Desviándonos un poco, esto también puede ocurrir a temprana edad con los terrores nocturnos –que los padres pueden aliviar si se involucran y le dicen al niño que el asunto está en el pasado–. Así como los niños pequeños tienen recuerdos de sus vidas pasadas antes de que comiencen a desaparecer, los miedos de antaño comienzan a surgir durante la pubertad. Por ejemplo, una chica a quien le di clases en sexto grado, ni siquiera podía contemplar la idea de tener hijos porque le daba miedo morirse. Y esto se debía a que, en una vida anterior, había muerto al dar a luz cuando era muy joven.

Podemos deshacernos de esos temores si le pedimos a Dios que elimine y absorba la negatividad de cualquier vida justo antes de acostarnos, y podemos hacerlo por nosotros mismos a cualquier edad. Ya lo hemos experimentado y no necesitamos más que la "resonancia mórfica" nos atormente en esta vida. La memoria mórfica significa que tenemos recuerdos de vidas anteriores en la vida presente, tanto los buenos como los malos. Esto explica por qué tenemos fobias, enfermedades e incluso depresión; aunque también podemos tener talentos maravillosos, como los musicales o habilidades artísticas, de escritura o incluso una predisposición para hacer dinero –cosas maravillosas que están enterradas en nuestra memoria pasiva.

El otro día estaba viendo la televisión y me encontré un documental sobre la vida de la actriz Whoopi Goldberg. Siempre la he admirado por su honestidad, y esta vez noté que decía algo de mucha importancia. Aseguró que desde que era muy pequeña, lo único que quería hacer era ser artista: actriz y comediante. Dijo que no tenía idea de dónde había salido ese deseo y que era lo que siempre había querido ser. Yo sé de dónde salió... en vidas anteriores, Whoopi actuaba en obras de teatro en Inglaterra y en Francia –así que vino con una gran memoria celular de haber sido artista en el pasado–. De manera que, sin importar si es parte de tu plan o es una tendencia de otras vidas, si mantienes despejado y claro el centro de tu alma, descubrirás cuál es tu pasión.

Mucha gente dice, "Siempre quise ser doctor (o abogado o lo que quieras), pero estudié ingeniería". Bueno pues debiste hacerlo... ¡estaba escrito en tu plan! Quizá tengas el deseo de estar en Broadway porque tienes una fuga de una vida anterior en la que fuiste cantante o bailarín. En otras palabras, lo que solías hacer en tu vida anterior regresa como anhelo, te afecta de la misma manera que las fobias y los miedos. Por otro lado, es posible que en esta vida seas un erudito de la música puesto que en otras vidas fuiste tan bueno que dicha habilidad se vino contigo y ahora tienes talento para ella. Piensa en Mozart, quien tocaba y componía desde los cuatro años de edad. Eso no proviene de una sola vida –quiso venir a esta vida y terminar lo que comenzó en una anterior.

Tu plan entrará en vigor, y si te desvías, no significa que estés fuera de tu camino, simplemente significa que estás experimentando lo que escribiste. Pero como mencioné antes, no puedes permitir que el mundo te desvíe durante mucho tiempo o sufrirás un anhelo del alma. Es cierto que todos añoramos el Otro Lado, pero me refiero a un vacío hueco que va más allá de la depresión. No importa cuán grave sea, no puedes renunciar en esta vida porque, si lo haces, tendrás que regresar y hacerlo todo de nuevo. La religión siempre ha dicho que si cometes suicidio, te vas al infierno. Bueno, sí es cierto –volverás a la Tierra, que es el único infierno que existe.

Claro que la vida puede ser una fiesta algunas veces, pero no debe ser un gran festejo continuo. Si así fuera, jamás aprenderíamos. Quizá nos sintamos confundidos, pero si somos persistentes, nuestro plan entrará en acción y se mantendrá firme. Guapos o feos, con universidad o sin universidad, reyes del baile de graduación o no, no-

sotros lo elegimos –lo importante es lo que hacemos con
ello.

De regreso al cuarto nivel, en él comienza a desarrollarse
un obvio interés por el sexo opuesto y es el principio de los
enamoramientos (y de los rechazos también). El enamora-
miento adolescente no es un juego, puede ser un proceso
muy doloroso, y también puede ser una experiencia con-
tundente que nos ayude a reconocer los verdaderos sentimientos que vendrán con el tiempo. Es decir, nos prepara
para diferenciar entre el amor permanente y las emociones
transitorias.

El sexo también entra en juego. Y aunque pueda sonar
a sermón, el sexo es maravilloso, pero la promiscuidad no
es una opción, jamás. La promiscuidad no sólo hace que
te sientas utilizado, también puedes estar harto cuando se
presente algo real. No estoy criticando, ni condenando la
actividad sexual, pero en estos tiempos es muy diferente
a lo que era en mi época, teníamos la amenaza terrible de
las enfermedades de transmisión sexual (ETS), el virus del
VIH y el SIDA. Incluso escuché a un joven decir después
de contraer el virus del VIH, "Pero la persona que me con-
tagió se veía sana"… como si ese tipo de enfermedades se
llevara escrito en la frente.

Pero, como todo, si en tu plan elegiste la promiscuidad o contraer una enfermedad seria, eso no necesariamente significa que te hayas desviado del camino. Quizá
sí te hayas desviado, pero siempre puedes hacer que una
experiencia negativa se vuelva positiva y que sea un buen
ejemplo para los demás.

Y por el amor de Dios (literalmente), no vamos a caer en la trampa de decir que todos los homosexuales que contrajeron SIDA se desviaron del camino, ni que la voluntad de Dios fue castigarlos. (Cristo nunca condenó a los homosexuales, sólo detestaba a los hipócritas. Piensa en la religión y en algunos de sus dogmas y después piensa en el Nuevo Testamento y ve si puedes encontrar las palabras de Jesús que apoyen algún tipo de prejuicio). Francine dijo que, como regla general, la gente homosexual eligió ese estilo de vida para enseñar a los demás a no tener prejuicios.

No saques conclusiones apresuradas de que cada enfermedad que contraemos es un castigo por algo que hicimos mal –la mayoría de las veces la elegimos para ayudarnos a nosotros mismos y a los demás para aprender y avanzar en la espiritualidad–. También debemos ser juiciosos en todos los placeres que tenemos. Para algunas personas, la vida es una tienda de dulces y sienten que pueden comerse los que quieran sin enfermarse. Pues aquí estoy para decirte que es más fácil mantenerte dentro del buen camino si todo lo haces con moderación.

Si no somos dedicados, en el cuarto nivel comenzamos a desarrollar un estrés real. No trates de engañarte diciéndote que cuando eras joven no tenías tensiones; los adolescentes no sólo las adoptan de las noticias, de los profesores y de sus padres, sino que su futuro se ve más incierto que nunca. (La gente que vive en otros países no tiene las presiones que nosotros tenemos puesto que sigue una filosofía de "vivir al día". Pero, lo digo de nuevo, nosotros elegimos el país, la fecha de nacimiento, los padres y los agentes causantes de estrés que tendremos para desarrollar nuestra alma).

La adolescencia puede traer consigo el miedo a ser excluido así como una baja autoestima, o por otro lado, un ego muy grande o un falso sentido del ser. Algunas veces sucede cuando comenzamos a ponernos una máscara para ocultar nuestras inseguridades. Me he dado cuenta de que los adolescentes de hoy en día se enfrentan a una especie de fatalismo, una sensación de "¿Qué caso tiene? Para como está el mundo hoy, igual y no estaré mucho tiempo aquí". Muchos adoptan la actitud de aguantar por ahora. Lo cual es distinto de adoptar el lema de "uno a la vez" –es casi una necesidad llena de miedo por completar todo y hacerlo de prisa antes de que todo desaparezca.

Claro que ahora las cosas están mejor en comparación a como estaban en "los buenos tiempos" –cuando los jóvenes se casaban tan pronto que estoy segura que ni siquiera tenían tiempo para la pubertad–. Y la razón es que la gente moría muy pronto, de manera que tenía que ocuparse en casarse y procrear. Los chicos ahora tienen millones de opciones, lo cual es maravilloso, pero a veces tiene su lado negativo, en el sentido de que no saben qué camino tomar debido a la presión social y a la cantidad de opciones, además de que los padres los presionan para que sean exitosos.

Mucha gente me ha pedido que escriba un libro sobre adolescentes, mientras tanto, espero que este capítulo te haya dado más luz sobre este estado de desarrollo tan importante... ya sea que seas adolescente o que estés educando a uno.

Capítulo 7
El quinto nivel: Adulto joven

A hora sí comenzamos a prepararnos para lo que haremos con nuestra vida. ¿Qué profesión vamos a tomar? ¿Debemos ir a la universidad o nos sentiremos mejor si desempeñamos algún oficio? Debido a las opciones, muchos comenzamos una cosa y terminamos haciendo otra. Por ejemplo, yo siempre fui psíquica, pero también di clases en la escuela y establecí una fundación. (Sí, también es enseñar, pero a un nivel más elevado). Después, cuando tenía 50 años, escribí mi primer libro.

Sonrío cuando escucho a alguien decir que es muy tarde para comenzar algo; nunca es demasiado tarde para seguir tu plan... de hecho, es mejor hacerlo tarde que dejarlo en el olvido. Incluso si sólo tratas, existe lo que llamamos "puntos". Todo en este universo está cercanamente relacionado, y toda acción tiene una reacción, así que ¿quién dice que si comienzas algo, alguien no va a retomarlo y terminarlo? Es como una carrera de relevos: cedes el relevo a la siguiente persona o por lo menos dejas una marca, no importa si es pequeña, en la vida de alguien más. Sí, es parte de tu plan, pero lo que fortalece a tu alma es la manera en que lo manejas. Pase lo que pase, tendrás momentos difíciles, entonces ¿por qué no vivirlos con gracia y con la conciencia de que tú los elegiste y tienes la fortaleza necesaria para el proceso?

Si nos vamos a estudiar a una universidad lejana se rompe el núcleo de la misma gente con la que estamos acostumbrados a estar, y estar lejos de casa puede ser traumático. No importa lo que digan, la mayoría no percibimos el cambio como regla general. Es verdad que algunas personas se adaptan con mayor facilidad, pero todos nos sentimos afectados de alguna manera. Incluso las vacaciones nos afectan de muchas maneras: estamos deseando irnos y nos empeñamos tanto en "divertirnos" que necesitamos regresar a casa a relajarnos.

Mientras estamos en la escuela, nos preguntamos: ¿De qué me gradúo? ¿Me agradan mis profesores? ¿Encajo bien? ¿Qué onda con mis amigos? ¿Mis calificaciones son buenas? Esta época es una de las más estresantes de la vida puesto que ahora nos vemos como una unidad separada, que debe valerse por sí misma en el mundo, sin la comodidad de la casa, de los amigos y la familia. Estamos en un viaje para encontrar nuestro lugar en la vida, para ganar dinero para sobrevivir y quizá para mantener una familia.

Para las mujeres no es como antes, cuando se suponía que debíamos casarnos y tener hijos; ahora, las mujeres aspiran a tener una profesión igual que los hombres y recibir educación para ello, o por lo menos aprender y ser mejores. Incluso cuando yo iba a la universidad, era aceptado que las mujeres fueran enfermeras o profesoras, no presidentes de ninguna compañía, como sucede hoy en día. Ahora las cosas son más fáciles para las mujeres. Aunque sigue habiendo discriminación (¡Dios sabe que puedo asegurarlo!), por lo menos tenemos más oportunidades que nuestras colegas de la época victoriana. Para esos efectos, ni en la década de los cincuenta las mujeres podían progresar como ahora.

Debo admitir que los hombres pueden tener más obstáculos en otro sentido. La sociedad etiqueta a los hombres por lo que hacen en la vida, los carros que manejan, cuánto dinero ganan y cómo mantienen a su familia. Las ganancias materiales no tienen nada de malo, pero cuando comienzan a regirte, entonces se convierten en tu dios y la espiritualidad se ve afectada. Ni Dios, ni tu plan (a menos que hayas decidido otra cosa) esperan que no tengas cosas buenas en la vida o que no la disfrutes –si fuera así, no existirían para que las alcancemos–. Los problemas surgen cuando se vuelve una adicción... y no te engañes, las ganancias materiales y adquirir cada vez más y más cosas puede ser una adicción, igual que cualquier otro comportamiento obsesivo, en el sentido de que afecta tu espiritualidad de manera negativa.

Cuando esto sucede debes detenerte a pensar qué intentas compensar o por qué estás recompensándote. ¿Es por inseguridad? ¿Por falta de autoestima? ¿Por satisfacer tu ego? Es un hecho conocido que las posesiones materiales hacen que te sientas feliz durante un periodo corto, y después quieres otra cosa y después otra, hasta que nunca es suficiente. Como se suele decir, cuando estés a punto de morir, no vas a estar pensando en que hubieras manejado más tu Mercedes o tu Bentley. Lo que haces en la vida, lo que das y haces con amor y por ayudar, es lo que te llevas contigo. Mucha gente cínica dice que los logros de una persona se miden con las cosas materiales que acumuló... yo diría que se miden por la cantidad de gente que asiste a su funeral.

En el cuarto nivel, algunas personas pueden caer en las garras del "dinero fácil"... me refiero a la actividad criminal. Hay un momento en el que la riqueza y la pasión se unen o están en oposición. ¿Qué valor tiene la vida si no hay más gozo que comprar "cosas"? Podemos estresarnos tanto que nos volvemos como un hámster en una rueda, sólo tratando de llegar más lejos. Bueno, el camino ilegal nunca es la respuesta. Lo hemos constatado tanto en actividades de delitos menores, como en las cuestionables acciones de grandes compañías e incluso de algunos gobiernos. Todo el mundo se ve afectado por tal comportamiento puesto que todos tenemos la obligación moral de regirnos por las buenas acciones –una vez que la confianza se rompe, es casi imposible restaurarla.

Aunque tratemos de justificar nuestro comportamiento ilegal, el karma se hará valer. Ya sea que nos demos cuenta o no, el karma se activa pues es la ley del universo. El otro día, Francine me dijo algo muy interesante. Dijo que, debido a que el esquema de la Tierra está cambiando (no dijo acabándose), si te sientas a esperar, en unos cinco años verás que el karma llega a la persona que ha hecho algo con motivos impuros.

Pero por favor, no olvides que la venganza crea causa y efecto. Muchas veces deseamos mentalmente que la persona que nos lastimó "la pague" e incluso nos imaginamos cómo sucederá, pero sólo está en nuestra mente y es una emoción humana. Algunas veces es la única manera que tenemos para sanar las heridas, pero en realidad no hacemos nada.

Hay personas que llegan incluso a desear que se muera quien las ofendió, pero eso tampoco es causa de muerte. Si ése fuera el caso, ningún tirano hubiera durado mucho gracias a todo el odio enviado a él. Algunos clientes que han tenido un divorcio difícil me han dicho que hubiera sido más fácil lidiar con la muerte que con el dolor del rechazo. Quizá esto se deba a que la muerte es algo natural y sabemos que el ser amado está a salvo en el Otro Lado, pero si te abandona por otra persona, el dolor puede llegar hasta el alma.

Lo sé por experiencia propia con mi tercer marido. De repente decidió dejarme y una semana después ya se había ido. Me imaginé muchas cosas que quería que le hubieran pasado, y eso dio paso al consuelo, en especial cuando mis seres queridos empezaron a decirme lo cruel que había sido. Fue una experiencia de aprendizaje sobre confianza –y después de decepción y codicia– pero cuando el dolor desapareció, mi vida mejoró mucho.

Pensarás que este tipo de lecciones te acompañarán de una vida a otra (y algunas personas sí se las llevan a la siguiente vida, su espiritualidad lo demuestra), pero piensa en cuánto te tardas en aprender algo ahora. Todo es prueba y error, y cada vida tiene un escenario diferente. Es como una obra de teatro en la que te dan un guión, pero el argumento es diferente cada vez. Así que no importa en dónde te encuentres o qué profesión tengas como adulto joven, lo que realmente te hace seguir adelante son los valores que adoptes y las prioridades que establezcas.

La adultez joven es otra época en la que comenzamos a hacer amigos, aunque muchos aún conservemos viejas amistades. (Nunca somos demasiado viejos como para hacer amigos, siempre y cuando, nosotros seamos amigos). Los empleos ofrecen ambientes frescos en los que podemos conocer gente y hacer nuevas amistades.

Nos damos cuenta de que el mundo no es fácil, y una de las primeras cosas que descubrimos es si nos gusta o no nuestro trabajo o profesión. Debemos aprender a convivir con nuestros compañeros de trabajo (otra vez, es presión social) y podemos ser entusiastas o flojos y lentos. Por lo general, el malestar y el descontento son señales de que estamos en el lugar incorrecto, pero la seguridad programada del sueldo nos mantiene atorados en un ambiente de trabajo desagradable, lleno de políticas y difamaciones. Es mejor ganar menos y vivir parcamente que sufrir tal estrés en la búsqueda de dinero.

Ahora hablamos mucho sobre metas, y a lo largo de toda la vida y sus relaciones, alegrías, decepciones, familia y etcétera, descubrimos que nuestras metas van de la mano con nuestro potencial espiritual. Todo lo demás no prospera si nuestra alma no es satisfecha. ¿Y cómo sucede esto? Simplemente se reduce a una de las mejores reglas que existe: "Haz a los demás lo que quieres que te hagan a ti". O como he dicho muchas veces: "Ama a Dios, haz el bien, cierra la boca y vete a Casa".

A medida que nos adentramos en la edad adulta debemos buscar y leer, y entonces nos daremos cuenta de que la vida no es fácil, pero sin dogmas es mucho más fácil. Mientras más espirituales nos volvemos, más capaces somos de discernir quién es bueno para nosotros y quién no. Necesitamos lo negativo para alejarnos de él y aprender, pero no tenemos que vivir cultivándolo.

En este nivel, por lo general, es cuando decides casarte o disfrutar de la vida de soltero. Puedes vivir muchas experiencias dentro de relaciones más estables de las que tenías cuando eras adolescente, puesto que la mayoría de las entidades está programada para tener una pareja y procrear. (Quienes no lo hacen no deben ser criticados pues, por lo general, toman esa decisión porque tuvieron muchos hijos en una vida anterior). Si tu plan dice matrimonio, te casarás; y si no lo dice, no lo harás. Incluso, la elección de una pareja incorrecta también está en tu plan para que aprendas. Si te divorcias y tienes hijos, por el amor de Dios sean amigos por el bien de sus hijos (es decir, si es posible y la otra parte no es abusiva). Pero sólo porque pienses que estarás mejor sin tu pareja cuando las cosas comienzan a ponerse aburridas, te das cuenta de que el león no es como lo pintan... ni siquiera es león. ¿Cuántas veces hemos visto que alguien se divorcia y vuelve a casarse con alguien físicamente diferente que su excónyuge, pero por dentro es exactamente igual? Esto confirma que tenemos que aprender las lecciones, de una u otra manera.

También tenemos que estar alertas de no sólo hablar de espiritualidad, sino actuar en ella. Por ejemplo, conozco a un hombre que es dueño de toda un área de California. Él mantuvo a sus hijos y cuando su hermano se vio en problemas, acogió a los cuatro hijos de su hermano. Por amor y esencia espiritual está manteniendo a los hijos de su hermano, además de que se hace cargo de sus padres ya ancianos. Así que, sin importar lo que tiene este hombre, no sólo está cumpliendo su plan, sino el plan universal que dice que nos cuidemos unos a otros.

Algunos adultos deciden vivir con sus padres. Quizá sea hijo único o uno de varios hermanos el que quiera quedarse cerca de quien provee los cuidados. Para algunas personas puede parecer una vida solitaria, pero he preguntado a algunos clientes que lo han hecho y se sienten muy gratificados, incluso hasta el punto de estar agradecidos por haber vivido junto a sus padres cuando murieron. Yo tenía mi propia familia y también me hice cargo de mis padres hasta que murieron –y no cambiaría ni un solo instante, aunque algunas veces fue agotador–. No estoy diciendo que yo sea maravillosa, pero nuestra cultura debería hacer como hacen en muchas otras: venerar a los ancianos y cuidarlos. Ahora, si el anciano es un peligro para sí mismo, entonces si es necesario tener ayuda externa, pero estoy refiriéndome a los viejitos que mis ministros y yo hemos visto abandonados y olvidados en asilos por sus familias.

No obstante, algunas personas son solitarias y les gusta vivir en lugares remotos –e incluso hay quienes eligen la vida de indigentes–. Puedes sentir lástima por ellos, pero he visto que más gente que lleva lo que para nosotros es una vida pobre y singular es más feliz que muchos que están en el carrusel financiero. Los indigentes se preocupan unos por otros y disfrutan de una cultura entre ellos. Puedes intentar regresarlos a la sociedad, pero en cuanto voltees la cabeza estarán de vuelta en las calles. Es parecido a la gente que es encarcelada –es todo lo que conoce, así que se siente segura con su estilo de vida–. Esto no significa que no debamos dar comida y ayuda a los indigentes, pero es necesario que la gente quiera cambiar su vida antes de que le haga caso a nadie.

Como he dicho muchas veces, ¿quiénes somos para juzgar los planes de los demás o la forma de vida que eligen? Además, obviamente no sabemos qué hicieron en su vida anterior que les hizo elegir esta experiencia. Y no pienses que si tu vida es difícil es porque fuiste una mala persona en una vida anterior, por el contrario, has elegido vivir todo... lo bueno, lo malo y lo feo.

La vida está tan llena de preguntas que me da la confianza de saber que no importa cuántas alternativas creamos que tenemos, al final terminaremos con nuestro plan predeterminado. Por más trillado que suene, todo es para bien, aunque no nos parezca así en ese momento. Sin las tragedias a las que debemos enfrentarnos, la vida nunca tomaría esos rumbos que nos acercan a nuestro propio centro espiritual.

Capítulo 8
El sexto nivel: Edad adulta

La adultez joven y la edad adulta se mezclan de la misma manera que la edad adulta y la vejez. De hecho descubrimos que muchos de los niveles de la vida terrenal se mezclan entre sí antes de definirse y diferenciarse. Muchos de los rasgos y problemas que parecen propios de cierto nivel pueden surgir en otro nivel... así es la vida como la conocemos.

De manera que, en la edad adulta tenemos nuestra profesión y nuestras relaciones, empezamos a tener seguros, créditos, impuestos, a comprar una casa y las inevitables deudas. En este nivel suele ser cuando comenzamos una familia. Antes solíamos hacer nuestro mejor esfuerzo para tener a los hijos, enseñarles disciplina, elogiarlos, educarlos espiritualmente y por supuesto, darles comida, vestido y un hogar. Ahora existen cientos de libros que nos dicen qué hacer y qué no hacer, o qué no debimos haber hecho y cómo rectificarlo. Y no es que esté mal... pero si somos unos padres cariñosos, que se preocupan por sus hijos y nos volvemos modelos a seguir, ahí termina la historia.

También sabemos que existen todos esos desórdenes de aprendizaje. No estoy diciendo que los niños no puedan ser disléxicos o que no puedan aprender con más lentitud que sus compañeros, pero hoy en día etiquetamos todo con demasiada rapidez. Cuando yo iba a la escuela y cuando di clases durante 18 años, diferenciaba a los "lentos", a los "listos", a los "soñadores" y a los "genios" y sólo había que tratarlos de diferente manera. (Y me enorgullece decir que aún veo a mis primeros alumnos de tercer grado cada vez que voy a Kansas City, Missouri, y el 98 por ciento está perfecto).

Si etiquetas a un niño, lo marcas y debe quitarse poco a poco ese estigma. Por ejemplo, recibí un correo electrónico de un chico de 12 años donde decía que era estúpido porque tenía el trastorno de déficit de atención. Le contesté diciéndole, "¡claro que no! Vas a meterte de lleno en la música". Me respondió que sólo le gusta la música. Hace como un mes me envió su primer CD.

Algunos chicos necesitan que los reten en algunas materias. Por ejemplo, no a todo el mundo le gustan las matemáticas... Dios sabe que no me gustaban. Me interesaba más en teología, inglés y arte. Incluso ayudé a mi novio de entonces a estudiar latín y él trató de enseñarme matemáticas. No era sólo que no pudiera entenderlas, es que no quería –o no tenían sentido para mí–. Le dije a la profesora que nunca iba a usar el álgebra en mi vida. Su respuesta fue, "por supuesto que sí". Y, ¿qué crees? A mis casi 70 años de edad, jamás he utilizado ningún tipo de álgebra.

Así que mi plan me llevó a la enseñanza, la espiritualidad, las artes síquicas y la escritura. ¿Podría haber tratado de hacer otra cosa durante un tiempo? Claro que sí, pero mi plan me hubiera encausado en el camino que ya había elegido para mí. Algo que explicaré con más detalle es que, no importa el camino que tomes, tu plan siempre se impone. (También vale la pena mencionar que Dios Madre puede ayudar en tu plan, pues es la profesional de los milagros. Estoy segura de que los milagros pueden predeterminarse hasta cierto punto sin que alteren el curso del destino, pero a ella se le conoce como la Gran Interceptora. La mayoría de mis grupos de estudio, congregaciones y ministros le reza a Dios, a los ángeles e incluso a sus seres queridos, pero cuando necesitamos algo en particular, le rezamos a Ella. Esto muestra que puede haber movimientos laterales en nuestro plan sin que se interrumpa el diseño de nuestra vida).

Algunas veces me da la impresión de que en el Otro Lado tratamos de abarcar más de lo que podemos apretar, como dice el dicho. Parece que, cuando estamos en Casa, nos encontramos en un estado de gozo tal que escogemos más de lo que podemos manejar en la Tierra. Aunque nuestros guías y el Concejo (entidades avanzadas que están en el Otro Lado y nos aconsejan) intenten disuadirnos, mi espíritu guía, Francine, dice que muchas veces nosotros sentimos que tenemos razón... sólo para admitir nuestra derrota cuando llegamos. Es como estar en la universidad, cuando llegamos llenos de entusiasmo y queremos tomar todas las clases que podamos. Luego, después de estudiar arduamente, de la tarea, de los profesores, de los otros estudiantes y de las condiciones en las que vivimos, ¡nos preguntamos en qué estábamos pensando! Pero para que nuestra alma pueda avanzar, es necesario que hagamos de tripas corazón y sigamos adelante.

Entonces, muchos de ustedes se preguntarán con razón, "¿Qué demonios estaba yo pensando? ¿Estaba loco o drogado cuando elegí todo este dolor?" No, estabas completamente consciente; después de observar tus vidas anteriores y de organizar tu plan, aceptaste la responsabilidad de esta vida para perfeccionarte. Piénsalo, si las cosas fueran sencillas, ¿en dónde estaría el aprendizaje y cómo se expandiría tu alma? Así que, sé bueno contigo y date cuenta de que tuviste el valor de venir a este agujero infernal a aumentar tu conocimiento.

Francine dice que, por cada experiencia negativa que vivimos, grande o pequeña, nuestros espíritus guía ven cómo se expande nuestra alma. Podemos renegar, pero igual vamos a vivirlas, y sólo eso nos eleva. Cada situación que pasamos, ya sea que nos demos cuenta en ese momento o no, nos hace más fuertes. También está bien decirle a Dios, "ya fue suficiente", puesto que no nos quitará el conocimiento. Como he dicho antes, no puedes cambiar tu plan, pero sí puedes acortarlo o modificarlo. Es como terminar la carrera universitaria en tres años en lugar de en cuatro –de todas maneras la hiciste, pero pudiste darte un respiro.

En la edad adulta podemos haber elegido un divorcio y ser padres solteros. Es algo muy difícil, puedo afirmarlo por mis lecturas y mi propia experiencia. Criar sola a dos niños incontrolables fue realmente complicado, en especial cuando tenía cinco trabajos y hacía lecturas al mismo tiempo, pero cualquier cosa era mejor que estar en un matrimonio de abusos. Como casi todos, yo quería una familia, un hogar y un esposo cariñoso, pero no resultó así. Y además, cuando me vine a California, mis padres y mi hermana se vinieron conmigo y, durante ocho meses yo fui la única que trabajaba. De acuerdo, fue durante los años sesenta, pero de todas maneras fue difícil hasta que mi papá, ya retirado, obtuvo un trabajo como vendedor de coches y mi esposo finalmente se volvió guardia de seguridad.

Piensas en el pasado y te preguntas cómo te las arreglaste en algunas ocasiones, pero tú las escribiste en tu plan, y tienes la opción de rendirte o ir hacia delante. Yo nunca quise divorciarme –quería estar casada para siempre–. Quisiera decir a todas las mujeres que viven un matrimonio de abusos que nada vale la pena como para sacrificar su bienestar, ni el de sus hijos, ni su autoestima, ni su bienestar propio; y por supuesto que no vale la pena decir que siguen casadas debido a dogmas religiosos.

En el sexto nivel de la vida en la Tierra podemos manejar la pérdida de nuestro trabajo o quedarnos en uno que odiamos sólo porque necesitamos seguridad económica. Es diferente cuando se trata sólo de nosotros, pero cuando tenemos una familia, el dinero puede empezar a regir nuestra vida. Un gran miedo al que se enfrenta esta sociedad es quedarse sin hogar, en bancarrota y (contrario a hace algunos años) no poder confiar en la amabilidad de los demás. Solíamos ser felices sólo con apenas sobrevivir, pero ahora tenemos que "vivir a lo grande". Quizá lo mejor sea lo más simple, puesto que si "compramos" a nuestros hijos, más tarde sentirán que el mundo tiene una deuda con ellos y se volverán dependientes de "la buena vida". De verdad, la gente más feliz que he visto no es pobre –tiene lo suficiente y su familia va primero.

No estoy sugiriendo que no debamos intentar alcanzar lo más alto para que nuestra mente y nuestro corazón encuentren satisfacción y plenitud. Sin embargo, cuando las cosas materiales comienzan a tener prioridad sobre las cuestiones a las que debemos un verdadero valor, entonces se vuelve un importante problema que conduce a la desesperación financiera o a la necesidad de riqueza. La palabra que opera es necesidad. ¿Qué necesitamos realmente para sobrevivir? Las cosas verdaderamente esenciales en esta vida son comida, vestido, refugio, seres queridos y los recursos suficientes para estar cómodos. ¿Cuántos coches podemos manejar? ¿Cuánta ropa o zapatos podemos ponernos? ¿En cuántos lugares podemos vivir? Entiende que no estoy condenando las inversiones, estoy hablando del condicionamiento obsesivo de tener más y más, de manera que tenemos que trabajar más y más ¡para tener lo que no tenemos tiempo de disfrutar!

En este punto de la vida comenzamos a preocuparnos de cómo vamos a mandar a nuestros hijos a la universidad o a pagar los préstamos de estudios que pesan sobre nuestros hombros. También nos bombardean con comerciales de televisión que nos aconsejan tener dinero suficiente para cuestiones funerales o seguros de vida para que nuestra familia no se quede desamparada en caso de que algo suceda. Esto no sólo utiliza el miedo como motor, sino que nos da una buena dosis de culpabilidad. Claro que los seguros son buenos, ¡pero no cuando no tenemos dinero para pagar la renta!

La gente joven de hoy en día se preocupa por su retiro y de si la Seguridad Social seguirá existiendo para cuando envejezca. Bueno, el retiro me parece algo repugnante. No me refiero a la gente que se retira de una actividad para dedicarse a otra actividad útil, estoy hablando de quienes simplemente se rinden, se sientan en su sillón a leer el periódico o a ver la tele todo el día. Ésta es la manera más fácil de llegar a la senilidad, a las enfermedades y a la muerte.

Hay quienes dicen que están ansiosos por retirarse para poder escribir, pintar, esculpir o viajar. Son ocupaciones maravillosas, en especial si estuviste trabajando en un empleo que no te importaba gran cosa. Por supuesto, cuando te retires sumérgete en tu pasión o en lo que siempre habías querido hacer porque, si no mantienes tu mente activa, tu cuerpo pensará que estás muerto. Y si te la pasas recostado, tu mente pensará que estás muerto, te provocará aletargamiento y depresión.

También en este periodo comenzamos a preocuparnos por la salud. Una vez más, la programación de la sociedad nos bombardea: ¿Qué alimentos debemos consumir y qué cantidad? ¿Cuándo es demasiado delgado? ¿Debemos hacer ejercicio? ¿Cuánto? ¿Y qué tipo de ejercicio? Y la lista de preguntas sigue. Ahora existen la anorexia y la bulimia, mientras que, al mismo tiempo, la obesidad y la diabetes están más presentes que nunca. Es una característica de los tiempos: o intentamos dejarnos llevar por la autocomplacencia o el autoabuso cuando no podemos obtener el control de nuestra vida. En otras palabras, si no somos capaces de controlar lo que sucede a nuestro alrededor, sí podemos controlar lo que entra (o no entra) a nuestra boca. Los desórdenes de alimentación se han vuelto una epidemia, como el abuso de las drogas, y son efectos secundarios del enorme estrés al que nos enfrentamos estos días.

Digamos que en nuestro plan elegimos ser gordos o delgados, pero el proceso de aprendizaje es superarlo. Nos dan todas estas lecciones para que las superemos o nos enfrentemos a ellas, no para que permitamos que nos destruyan, nos vuelvan impotentes o que retrasen nuestro aprendizaje espiritual. Sí, nosotros elegimos estas cosas buenas y malas (y terribles algunas veces), pero lo hicimos para que las vivamos, las superemos y después seamos mejores gracias a ellas. Si esas cosas nos llevan a nuestra espiritualidad, ahí es donde el alma progresa. Si somos derrotados no necesariamente significa que hayamos fallado, pero sí que hemos perdido una gran oportunidad para que la espiritualidad de nuestra alma avance.

En este nivel también podemos experimentar la famosa "comezón del séptimo año". (El nombre está mal porque se presenta en cualquier periodo). Nos aburrimos porque ha terminado la novedad de nuestro matrimonio. La vida o la familia nos agobian y, si no somos cuidadosos, creeremos que podemos estar mejor. Ahora, si se trata de una situación imposible, de abuso, adicción o manipulación, la insatisfacción puede golpearnos a los 7 o 17 años, pero el simple hecho de estar aburridos, de caer en un bache en el camino o atravesar tiempos difíciles, no es razón para abandonar una relación básicamente buena.

Durante la edad adulta podemos entrar al periodo de menopausia o de la crisis de los 40. Las mujeres padecen un flujo hormonal parecido al de la pubertad sólo que ahora es más intenso. El reloj biológico se desacelera poco a poco y muchas veces la libido se va con él... y es reemplazada por cambios de humor, aumento de peso, bochornos y otros cambios biológicos. Los hombres también lo padecen, pero de diferentes maneras. Su reto de la crisis de los 40 es más mental que físico, pero también se vuelven conscientes de su mortalidad y de qué cosas no han logrado. En otras palabras, es una época en la que cualquiera puede enloquecer un poco –los hombres se van con mujeres más jóvenes y las mujeres con hombres más jóvenes–. Es casi como si quisieran capturar un sueño que antes no se hizo realidad.

La realidad es como su mismo nombre indica: real. No dejes que el mundo te aleje por una fantasía. Y no solo eso, nadie construye su felicidad sobre el dolor de alguien más. Debemos seguir adelante y no sólo porque estemos buscando la olla de oro al final de un arco iris que ni siquiera existe. Como mi abuela solía decir, "Haz algo con prisa y arrepiéntete mientras descansas". A lo largo de todo este terreno pantanoso de la vida –con sus tragedias, infortunios, gozos y felicidad– aprendemos, y con suerte lo haremos dignamente.

En cualquier nivel, en especial en la edad adulta, podemos encontrarnos con situaciones de tranquilidad, felicidad, traumas y enfermedades (ya sea de nosotros mismos o de gente que nos rodea) o problemas financieros o abundancia. También tenemos épocas de inactividad, depresión y fallos o logros, junto con periodos de "deserción" o "supervivencia". Todas las personas que vivan en el mundo se encontrarán con la mayoría de estos periodos, en mayor o menor grado. En la edad adulta estamos más conscientes de ellos puesto que estamos muy pendientes de lo que sucede a nuestro alrededor. Cuando somos más jóvenes, las emociones pueden pasar tan rápido como las nubes pasan por el sol –no sucede igual en la vida adulta y sus necesidades de resistir y crear estrés.

- Al parecer, los periodos tranquilos son menos y están más alejados de nuestra agitada sociedad, pero debemos abrirles paso, aunque sea durante unas cuantas horas sólo para darnos un respiro. Podemos pasar los momentos de felicidad con la familia y los amigos platicando, comiendo o simplemente pasando el rato juntos.

- Los incidentes traumáticos pueden pasarle a cualquiera, ya sea debido a las finanzas, a la presión social, al divorcio o a la muerte. Nadie que viva durante un tiempo se escapa de estos difíciles momentos. Incluso algunas personas se enferman durante años y la gente se pregunta por qué eligieron eso, pero es para perfeccionarse. Podría parecer que los planes de ciertas personas son peores que los de otras, por favor no pienses que son malas o que están siendo castigadas... es sólo que eligieron un plan difícil para perfeccionarse más pronto.

- También podemos enfrentarnos al cuidado de nuestros ancianos padres; yo cuidé de los míos hasta que cumplí 58 años. No me arrepiento, pero fue un gasto emocional y financiero. Yo me encargué de gran parte de su cuidado, pero cuando trabajaba venía alguien del hospicio a ayudarme unos cuantos días a la semana. También había que ir al doctor y al hospital, asegurarme de que mi mamá y mi papá satisficieran sus necesidades nutricionales y que tuvieran sus medicinas (y no quiero entrar en el tema de qué cubría y qué no cubría el seguro).

- Luego, tenemos los periodos desiertos, que parecen estar llenos de vacío. No sabemos a dónde ir, ni qué hacer, es como si estuviéramos en un terreno baldío sin consuelo a la vista. Pues yo creo que, en lugar de considerarlos como épocas negativas, debemos verlos como descansos de la difícil programación de la vida. Podemos escribir, pintar, salir a caminar, relajarnos y leer para esperar a que pasen... porque sí tienen final. En los periodos desiertos es como si el reloj se hubiera detenido, contrario a los periodos de supervivencia, en los que tenemos tanta prisa que parece que nunca nos da tiempo de hacer nada. Si somos listos podemos romper la inercia y reordenar lo que es importante y nuestras prioridades, aunque eso signifique cortar de tajo con todas las cosas que creemos indispensables.

No olvides que cuando estamos pasando por un periodo de depresión, de inercia o de monotonía, en realidad estamos aprendiendo todas esas cosas que no deseamos aprender, como la paciencia, la tolerancia, la supervivencia, la resistencia y, con suerte, el conocimiento espiritual. Ninguno de estos periodos carece de un gran mérito puesto que, de nuevo, preparan al alma para la perfección.

Yo interpreto a la gente, y muchas veces, lo que vemos en el exterior no siempre refleja lo que está pasando en el interior. En otras palabras, el hecho de que alguien sea rico o famoso no lo exime de los traumas, de los periodos desiertos o de las depresiones. De la misma manera, cuando doy conferencias ante trescientas o cuatrocientas personas, algunas veces les pido que levanten la mano quienes se sienten más cansadas, estresadas, deprimidas o ansiosas que nunca. Te juro que el noventa por ciento del público levanta la mano –cosa que jamás pasaba hace 10 o 20 años–. Esto es prueba de que nuestra sociedad es una jungla de supervivencia. Aunque hayamos hecho un plan para nuestra vida, eso no quiere decir que no podamos aprender si nos retiramos o frenamos y reevaluamos nuestra vida y decidimos no llevar el mismo paso del resto de la manada en estampida. Sí podemos aprender sin estar frenéticos.

Yo he pasado por divorcios, muertes, rechazos, escepticismo –lo que quieras– y he descubierto que puedes detenerte al primer bache en el camino o seguir en él hasta el final. Tarde o temprano te enfrentarás a lo que debes vivir (y es mejor temprano que tarde). Tantas veces he tratado de eludir algo, pero al final se repite y se repite hasta que no me queda otro remedio más que confrontarlo. No existe una salida fácil del plan que escribimos para nosotros mismos, y retrasar las cosas sólo las dificulta. Es como si tuviéramos que presentar un examen: podemos posponerlo y agonizar hasta que lo presentemos, o podemos hacerlo y entonces se termina. He aprendido a hacer las cosas difíciles o desagradables en el momento –de esa manera me siento aliviada y no me obsesiono con ellas.

Recuerda que, además de enfrentarte a la supervivencia de todos los días, a los problemas, a los abusos, a los hijos, los padres, la muerte, el rechazo y las preocupaciones financieras, la vida sigue teniendo sus periodos de gozo y euforia, y algunas veces, cuando las cosas van mal, debemos recordar esos periodos para aliviar el dolor de lo que estamos viviendo en ese momento. Cuando estaba pasando un periodo doloroso, después de una cirugía, solía soñar despierta o me metía en un estado de meditación y pensaba en recuerdos de tranquilidad y amor, y de verdad eso me ayudó. Así es, en parte, como la *biofeedback* (retroalimentación) trabaja en la sanación –llevas tu mente a otro lugar de manera que la parte afectada pueda sanar.

¿No te parece maravilloso que te cortes y no te enteres sino hasta el momento en que ves la cortada o te lo dicen? A veces pienso que la ignorancia es verdadera felicidad. De hecho, algunas personas están mejor mientras menos saben. No me refiero a que tengas que mentirle a nadie, pero es mejor ser juicioso con las personas que se programan fácilmente. Algunos doctores me han dicho que muchas veces no informan del lado más serio de una enfermedad a los pacientes, y la mayoría de las veces, mejoran.

Las oraciones sólo nos afectan a nosotros. Dios no las necesita, pero sí nos elevan hacia Él y hacen que Su gracia descienda más fácilmente hacia nosotros. Fíjate cómo la gente con un gran sentido de certeza (me gusta más esta palabra que fe) maneja mejor las adversidades de la vida puesto que tiene una relación más activa con Dios. Este tipo de relación acerca a Dios a nosotros porque Lo hemos buscado, a nuestros ángeles y a nuestros guías, y es más fácil para ellos llegar a nosotros a través de nuestra creencia, ya que ayuda a disminuir el velo que nos separa.

En cuanto a mí, me reconforta saber que tengo un plan y no tengo la sensación de ser controlada. Además, ¿quién está controlándote si no es tu plan y tú mismo? Es como un mecanismo a prueba de fallas; te guste o no, vas a graduarte, y puedes tener demoras, desvíos y algunas interrupciones incluso, pero las principales lecciones que tu alma necesita aprender para expandirse te llevarán a la perfección.

Capítulo 9
El séptimo nivel: La vejez

La última etapa en la Tierra puede ser la más difícil (aunque, por supuesto, no quiero quitar mérito a todas las dificultades que experimentamos en los otros niveles). Es como *Cuento de Navidad* de Charles Dickens, cuando el fantasma de las navidades pasadas se aparece ante Ebenezer Scrooge para enseñarle una puesta en escena de lo que había sembrado y cosechado en su vida.

En el capítulo anterior hablé de los retos financieros, pero en este nivel se vuelven más evidentes e incluso alarmantes. ¿Nos retiramos o seguimos yendo a trabajar? Como dije en el capítulo anterior, el retiro es muy bueno si tenemos algo interesante que hacer o algo que siempre habíamos anhelado realizar. Si además ganamos dinero, mejor, y si todas nuestras necesidades están cubiertas, es maravilloso.

Si el esposo muere y deja a la esposa con muy poco dinero (o alguna enfermedad terminó con todo tipo de ahorros), puede ser un escenario aterrador, igual que si nos retiramos pronto y no tenemos suficiente para vivir. La idea de depender de nuestros hijos nos parece repugnante puesto que es la posibilidad real de perder nuestra independencia.

Durante este tiempo es difícil ahorrar dinero. Ya sea que vivamos solos o tengamos familia, el costo de la vida puede impedirlo. Sin embargo, algunos vamos más lejos y seguimos dándole a nuestros hijos y no nos damos cuenta de que no tenemos reservas, y entonces, en un abrir y cerrar de ojos, ya somos viejos y no tenemos nada para nosotros. No estoy abogando por ser demasiado estrictos, pero si seguimos ayudando a nuestros hijos, éstos dejarán de valorarlo y dejarán de avanzar por sus propios medios. Algunas veces es necesario dar lecciones de responsabilidad y esa creencia de la vejez de que nuestros hijos nos devolverán lo que invertimos en ellos, casi nunca se vuelve realidad. No somos un banco en el que sólo hay retiros y nada de depósitos.

A medida que nos acercamos al final de nuestra vida, comenzamos a pensar en nuestro legado: ¿a dónde irá nuestro dinero y quién se lo merece? ¿Habrá pleitos por lo que tenemos (o por lo que la familia cree que tenemos)? Si somos inteligentes haremos un testamento cuando somos adultos. Siempre existe la posibilidad de aumentar o restarle cosas, añadirle apéndices o incluso cambiarlo por completo. Los fondos fiduciarios también son una buena idea, en especial para los nietos, puesto que el dinero puede aumentar y después ser retirado para la universidad o cualquier necesidad que se presente.

De hecho, un gran gozo del que disfrutamos los ancianos es de los nietos, que son bendiciones de Dios. Quizá los disfrutamos tanto porque no hay que preocuparse por sobrevivir como cuando estábamos criando a nuestros hijos. Ahora tenemos tiempo para platicar con nuestros nietos y estar con ellos sin preocuparnos por el trabajo o por darles ropa, comida y un techo. Recientemente, una revista científica publicó un estudio en el que aseguraba que nos vemos más en nuestros nietos que en nuestros propios hijos. Sea verdad o no, para mí hay pruebas de ello: a mi nieta le encanta escribir y actuar y mis nietos tienen un sentido del humor especial. Yo también di muestras de ser más como mi Abuela Ada que como mis padres en cuanto a temperamento, habilidad síquica, inclinación humanitaria e interés por la literatura.

Si no tenemos descendencia, muchas veces somos tíos, padrinos o vecinos y así es como interactuamos con los jóvenes y les damos cariño. También están nuestras queridas mascotas. La gente que no ha tenido mascotas no entiende cómo podemos sentir que son parte de la familia; son unos ángeles amorosos y leales que nos dan un gran amor incondicional. Ellas no tienen que regresar y encarnar porque no tienen un plan... excepto dar felicidad a los humanos. Nosotros tampoco nos volvemos animales –así como tampoco nos volvemos ángeles– puesto que no existe la transmigración de almas.

Una vez que llegamos a este último nivel en la Tierra, no sólo estamos haciéndonos más viejos, sino que también podemos tener problemas de salud (que, por decir lo menos, pueden debilitarnos, y más si necesitamos cuidados especiales). Seamos realistas, hace años la gente moría a los 40. Ahora vivimos más tiempo –las compañías que ofrecen seguros de vida a los ancianos lo han hecho obvio– y estamos llegando rápidamente al punto en el que los ancianos comienzan a formar la mayoría de la población debido a la generación del *boom* de la natalidad. Es un arma de dos filos: es maravilloso que la medicina esté tan avanzada para mantenernos vivos más tiempo; pero también ha creado una carga en las organizaciones para el mantenimiento de la salud, la seguridad social y los fondos de retiro.

La mayoría de la gente que tiene seguro social en Estados Unidos recibe entre $10,000 y $15,000 dólares al año, lo cual no es un salario digno en ese país. Como consecuencia, muchos ciudadanos ancianos se encuentran en el extraño papel de depender de otros para casi todo. La depresión es una situación real en aquellos que pierden su independencia y, por desgracia, en Estados Unidos los consideran una carga desechable. Otras culturas cuidan de sus ancianos y los respetan mucho más que nosotros.

El aspecto más frustrante para los ancianos (por lo menos en mi caso) es la pérdida de movilidad y energía. A medida que envejecemos, la energía comienza a agotarse; nuestra resistencia no es tan fuerte aunque nos esforcemos (cosa que hago constantemente) y nuestro rango de movimiento se reduce de manera importante. Los pequeños dolores o molestias que no tenían importancia cuando éramos jóvenes, ahora nos obligan a sentarnos o recostarnos. Una caminata que antes dábamos en poco tiempo ahora se vuelve una prueba de resistencia con paradas y descansos frecuentes. La mayoría ahora sólo disfruta de deportes como béisbol, futbol, tenis y baloncesto como espectador. A veces podemos jugar golf, pero sólo con un carrito que nos siga para no tener que caminar todos los hoyos y terminar con las articulaciones duras y los músculos adoloridos.

Creo que estoy exagerando, pero para quienes hemos sido activos toda nuestra vida, es un trago muy amargo. Sé que hay ancianos que están en excelente forma y todavía celebran con energía, pero son la minoría. Por lo general, no somos conscientes de nuestra edad (o tratamos de no serlo), de manera que nos sentimos frustrados por algunas de nuestras limitaciones. Puede ser tan simple como sentarnos en el piso o levantarnos, o sentarnos a una mesa con sillón corrido y darnos cuenta de que ya no somos tan ágiles como antes. Yo solía brincar para bajarme de la cama, ahora tengo que deslizarme.

Hace muchos años, mi primer marido, que era un abusador, me aventó contra la pared y me lastimé la pierna derecha, justo debajo de la articulación de la cadera. Me dolió un tiempo, así que me sacaron radiografías y me dijeron que tenía una fisura del grosor de un cabello, que debía evitar recargarme en ella (¡sí, como no!). Le pregunté a Francine si me daría problemas y me contestó, "No, sólo hasta que no seas mayor". Y cuando tenía 67, empezó a dolerme por debajo de la cadera, en especial si caminaba distancias largas. Estaba verdaderamente molesta y le grité a Francine, "¡Dijiste que no me molestaría hasta que no fuera mayor!"

Su respuesta fue, "¿Y no eres mayor?" ¡Diablos! dije para mí. No me consideraba "mayor". La lesión no es terrible, pero a veces parece que camino como pato. La meditación de sanación me ha ayudado un poco, pero pronto inventarán una especie de pegamento que los doctores me inyectarán para sanarme. La razón por la que les cuento esto es porque nadie está exento de problemas cuando nos hacemos mayores. A veces pienso que el cuerpo se suponía que debía durar cierta cantidad de años...

Los padecimientos corporales pueden ser dolorosos, pero es más fácil vivir con ellos que padecer deterioro mental. Cuando se presentan los problemas mentales es necesario tener cuidados extra, aunque tenemos la opción de los centros de asistencia o las residencias de ancianos si estamos incapacitados. Yo creo que un asilo debe ser el último recurso o que debe utilizarse sólo al final de las últimas etapas de la vida –no olvidemos que los hospicios también son una opción–. Cuando ya no gozamos de calidad de vida podemos pedir una orden de no resucitar, que significa que se hará la voluntad de Dios. Yo pienso que intentamos mantener la vida durante demasiado tiempo cuando ya no hay gozo en ella. No, no creo en la muerte asistida, pero no quiero que me tengan viva con medios externos cuando ya no pueda pensar o funcionar por mí misma.

Con más frecuencia que antes, ahora la gente puede irse a su casa a morirse, lo cual es mejor para ella puesto que está rodeada de sus seres queridos y no tiene que estar en el frío e impersonal ambiente de la habitación de un hspital. (Aparte, cuando morimos estamos rodeados de nuestros seres queridos que ya murieron, de ángeles, de guías, de Dios Madre y Padre y Jesús –igual que en vida–. Jamás estamos solos). Si somos muy espirituales y sabemos que vamos a irnos al Otro Lado, podemos decidir irnos, en especial si no estamos demasiado apegados a las "cosas" de la vida.

Definitivamente, la muerte no debe ser una carga, ni financiera, ni de ninguna otra clase. Si a un anciano no le queda nada, su familia debe arreglárselas para enterrarlo con dignidad. Creo que los funerales no deberían ser tan caros, aunque muchas compañías utilizan el sentimiento de culpa como móvil de venta. Si no tenemos el mejor ataúd, con todo el lujo y comodidad, sentimos que estamos faltando a nuestro fallecido. Bueno, nunca me he comunicado con nadie del Otro Lado que se preocupe por lo que hicieron con ellos después de que regresaron a Casa. Tampoco se enojan con nosotros por lo que hacemos con su dinero o cualquier objeto personal. Ellos no guardan resentimientos, nunca se sienten decepcionados por nosotros y no están molestos porque no tuvimos oportunidad de despedirnos. De lo contrario, no sería el paraíso, todos podrían estar enojados y aferrarse al resentimiento, en lugar de estar en un ambiente perfecto y amoroso que no alberga nada que no sea felicidad y gozo.

Cuando alguien me pregunta si su ser querido llegó a Casa y le digo que sí, invariablemente, la siguiente pregunta es, "¿está feliz?" Claro que sí, ¡ése es el significado del paraíso! Muchas veces, los familiares bienintencionados son los más difíciles de tratar durante la muerte de un ser querido. Le ruegan a la persona que se quede de manera que se aferran a su amor. Aunque lo mejor que puedes hacer por quienes están muriendo es hablarles al Otro Lado, decirles que todo está bien y que tú y tu familia estarán bien. Para la persona que se va, no existe la culpa o el sufrimiento.

Es como hacer un viaje maravilloso y que toda tu familia lo eche a perder aferrándose a ti, llorando y diciéndote cuánto van a extrañarte –eso es lo que te llevarías contigo al viaje–. Claro que no es así una vez que entran al túnel que los llevará allá, pero sí hace más difícil el primer paso del alma al separarse del cuerpo.

Si un alma se queda atrapada entre este mundo y Casa podemos hacer nuestro mejor esfuerzo para liberarla hacia la luz. No obstante es algo raro puesto que más del 99 por ciento de todas las personas pasa sin problemas. La razón por la que escuchamos sobre fantasmas es que da a los humanos la esperanza de que sí sobreviven. Si la gente ve o siente fantasmas, entonces supone que ella también puede continuar existiendo. Por eso es que los fantasmas son fascinantes. Eventualmente alguien viene por ellos y se los lleva hacia el Otro Lado. Así que, cuando tu tiempo llegue a su fin, siempre recuerda que debes ir hacia la luz, entrarás a un túnel repleto de amor y gozo, y debes avanzar hacia todos los que te esperan en la felicidad eterna.

No existe ninguna razón por la cual no puedas morir con dignidad, sin importar qué enfermedad tengas. Es cuestión de saber hacia dónde vas y de estar dispuesto a soltarte. Los guías, los miembros de tu familia, amigos cercanos, los ángeles y Dios, todos están ahí, así como tus mascotas y los seres queridos con los que no encarnaste –esperando para verte de nuevo.

Ahora los niveles que vivimos en este planeta están completos. En otras palabras, hemos terminado el ciclo desde el nacimiento al renacimiento al volver a Casa. Todas las situaciones que he ilustrado en esta parte son una idea general de lo que muchos vivimos durante las diferentes fases del proceso de aprendizaje que planeamos para crecer en espiritualidad, gracia, avance y aprendizaje del alma. Todas las vidas son diferentes, aunque existen similitudes en las etapas que todos pasamos. Por ejemplo, no podemos evitar llorar por la muerte de un ser querido, y el dolor es real y tangible –se queda como un dragón en lo más profundo del plexo solar, esperando cualquier momento para levantarse y devorarnos.

Incluso en nuestros últimos años, cuando vemos que muchos amigos y familiares mueren, las cosas son más fáciles cuando nos damos cuenta de que sólo estamos aquí por un abrir y cerrar de los ojos de Dios... y que después regresamos a Casa y vivimos en un maravilloso estado de gozo. Estamos tan orgullosos de nosotros mismos por haber sido tan valientes de venir a este infierno a sobrevivir y aumentar nuestro conocimiento, conciencia y espiritualidad. Regresamos a la realidad real de vivir y aprender, en el lugar perfecto y hermoso donde no hay negatividad, el lugar que llamamos el Otro Lado.

Me vuelvo loca cuando escucho a algunas personas decir que todo lo que han hecho es vivir, trabajar y cuidar de sus seres queridos. Sobrevivir cada nivel de la vida es una tarea ardua, y lo hacemos lo mejor que podemos. ¿Y quién no querría escuchar la risa de un bebé, cargar a un perrito, tomar la mano de quien se ama o ver el rostro de un amigo muy querido?

En mi caso, el ajetreo de subir al escenario y ver sus hermosas caras, las cartas que recibo e incluso el placer de hacer lecturas a alguien y darle respuestas o paz es el gozo que llena mi alma. Ahora que estoy escribiendo me siento complacida pues espero que alguien que las lea encuentre el conocimiento que yo tengo (como Jesús nos enseñó), que le dará esperanza y convicción.

Todos tenemos que vivir momentos difíciles, debemos encontrar lo que nos apasiona y nos da gozo, no ahogarnos en un vaso de agua, ni preocuparnos por las cosas que no sucederán. Debemos recordar que, cuando nos vamos a Casa en el Otro Lado, esta vida terrenal habrá sido como un sueño –con sus partes buenas y sus partes malas– y nos habremos graduado, y simple y sencillamente, de eso se trata. Así que continuemos con nuestro viaje y sepamos que estamos en esto juntos y también que nos reuniremos todos en el hermoso reino de Dios.

PARTE III
LOS SIETE NIVELES
DEL
OTRO LADO

Introducción
a la Parte III

A hora es tiempo de hablar de uno de mis temas favoritos: el Otro Lado. Es la dimensión de la realidad verdadera, en donde vivimos para toda la eternidad sin negatividad y nos deleitamos en el amor de Dios para siempre. El Otro Lado no sólo está hecho para las creaciones de Dios, es un verdadero paraíso en el que tenemos cuerpos para nuestra alma, edificios y estructuras magníficas, jardines con flores eternas y hermosas, amor y luz constantes y el esplendor de la naturaleza en toda su gloria.

De hecho, no falta nada de la belleza natural de la Tierra: tenemos el Gran Cañón, los océanos, los parques nacionales de Yellowstone y Yosemite, las cataratas del Niágara y el Victoria; los Himalayas, los Alpes, los valles de Umbría y la lista sigue. Las hermosas obras hechas por la humanidad que ya no existen, como los Jardines Colgantes de Babilonia o el Coloso de Rodas, también están presentes en el Otro Lado. Cualquier cosa que tenga belleza o magnificencia está ahí para que la disfrutemos... aunque ya haya dejado de existir en el planeta.

El Otro Lado consta de siete niveles, y para hacerlo más claro, debo subrayar que la palabra nivel en este contexto no significa que uno sea mejor que el otro. De hecho utilizo el término para referirme a un área o división separada, algo así como los capítulos de este libro. En otras palabras, un alma en el tercer nivel puede ser tan avanzada como una en el sexto, y así sucesivamente. La mayoría de los niveles puede definirse como nuestra "vocación" en el Otro Lado –es decir, lo que amamos hacer y nos sentimos más aptos para ello.

En este planeta de existencia llamado Tierra estamos muy acostumbrados a describir la calidad o el progreso. Incluso cuando estaba dando clases dividíamos a los niños según sus habilidades de lectura y los grupos tenían nombre de aves. Los "Petirrojos" eran los mejores lectores y los "Cardenales" eran los que tenían dificultades, los "Canarios" estaban en el medio. (Estoy segura de que se daban cuenta, pero los otros profesores y yo tratábamos de que los Cardenales no se sintieran inferiores). Por favor no apliques esta fórmula en el Otro Lado puesto que no es así. Un alma avanzada puede estar en cualquier nivel.

Ahora, debido a que nuestra Casa es nuestra realidad, el plano de la Tierra lo imita en cuanto a topografía, pero este planeta no es tan perfecto, ni hermoso como el Otro Lado, y tampoco tiene muchos de sus componentes. Por ejemplo, en la Tierra hay siete continentes, el Otro Lado tiene nueve, contando las tierras perdidas de la Atlántida y Lemuria. Cada continente está dividido en cuatro áreas o "cuadrantes". Aunque cada cuadrante es básicamente una delineación para albergar a un nivel en particular, en todos los cuadrantes hay entidades de todos los niveles, pero el grueso de las entidades en un cuadrante en particular estará en el mismo nivel de delineación de esa área.

En otras palabras, el cuadrante designado para las entidades del cuarto nivel tendrá una población constituida en su mayoría por entidades similares con unos cuantos de otros niveles. Esto se hace para que interactúe la población con intereses similares. No obstante, también es conveniente para albergar a los animales en el mejor ambiente para ellos, así como para tener edificios para propósitos similares (como investigación) cerca unos de otros. Los cuadrantes ayudan a organizar las actividades y los habitantes en el Otro Lado, lo que da mayor eficacia.

Como entidades individuales residimos en casas o domicilios en un cuadrante o continente en particular, pero podemos ir de un cuadrante a otro sólo con pensar que estamos ahí. Podemos vivir en el área de Asia, por ejemplo, y queremos visitar el centro de investigación del área de California, entonces, en un abrir y cerrar de ojos ¡estamos ahí! Como mencioné antes, si queremos podemos estar en dos lugares a la vez. Así que si estamos haciendo alguna investigación y queremos escuchar un concierto o conferencia al mismo tiempo, podemos hacerlo. Sé que es difícil que entendamos este concepto, pero quienes hacen más de una cosa a la vez pueden entenderlo hasta cierto punto. Por ejemplo, puedo tener la tele prendida, estar escribiendo y contestar el teléfono. En el Otro Lado utilizamos toda la capacidad de nuestro cerebro y no sólo el diez por ciento, como aquí. Así que es casi ilimitado lo que podemos hacer...

Veamos con más detalle cada nivel.

CAPÍTULO 10
EL PRIMER NIVEL: EL ESTADO DE TRANSICIÓN

El primer nivel que vamos a ver en realidad no es un nivel como tal. Es más bien el estado de transición de la vida en la Tierra a la vida en el Otro Lado, el paso intermedio para almas entrantes y salientes. Mira, algunas se van de Casa para completar su plan, se van con lo que eligieron para aprender para Dios, perfeccionar su alma y tener mayor conocimiento. Ya tienen sus temas (sus propósitos) que llevan todas las alegrías, los dolores y las facetas que constituyen la vida que eligieron para la nueva encarnación. Mientras que las almas entrantes traen consigo todo el conocimiento que adquirieron en la vida que recién vivieron en la Tierra y están extasiadas por estar de regreso en Casa… más sabias y con el alma expandida por lo que acaban de vivir.

Es un nivel de retos, en especial para las entidades que salen a la vida en la Tierra. La entrada y la salida del alma son igual de difíciles en ambos sentidos, aunque la muerte no es tan complicado como el nacimiento. Sé que me dirás que estuviste con un ser querido que murió y que fuiste testigo de su dolor. Bueno, pues en 50 años de hablar con la misma cantidad de almas salientes que entrantes, ninguna me ha dicho que hubiera tenido una muerte terrible o dolorosa.

Creo que lo que viste es la separación del alma de tu ser querido de su cuerpo, pero el alma está más o menos ajena a ello. Incluso le pregunté a mi espíritu guía, Francine, si Dios con Su infinita bondad hace que la gente se olvide o los pone en estado amnésico. Respondió que no, que a pesar de lo que podamos ver, la esencia de la persona no sufre por lo que el cuerpo está pasando. Lo comparó a un pollo con la cabeza cortada: aún después de que la cabeza es cortada, el cuerpo se mueve, pero el pollo en sí ya no está.

Cuando morimos sí vamos a través del túnel (yo lo he vivido en dos experiencias cercanas a la muerte), y muchos niños que han tenido dichas experiencias también hablan de un puente y un arco iris sobre él. Me recuerda a la famosa pintura del un ángel que ayuda a los niños a cruzar el puente que solían colgar en los salones de clases de las escuelas católicas. En esa representación, el puente se veía roto, lo que suponía la protección del ángel guardián –aunque yo creo que muestra lo que sucede cuando un pequeñito hace la transición hacia Casa.

Los doctores y los trabajadores de salud (me incluyo) dicen que la muerte es mucho más fácil para los muy jóvenes y para los muy ancianos. Y puedo entenderlo porque los muy jóvenes vinieron recientemente del Otro Lado, mientras que los muy ancianos, por lo general, están listos para irse –hasta el punto en que ven a sus parientes que vienen por ellos–. Los que estamos en el medio, estamos más afianzados a la vida, de manera que tiende a ser más difícil soltarnos y regresar a Casa.

Cuando viajamos a través del túnel, nunca estamos solos. Nuestros guías, ángeles, seres queridos que murieron antes que nosotros y todos los que conocemos y queremos nos dan la bienvenida y nos ayudan a hacer la transición. (La mayoría de la gente no piensa en todas las almas del Otro Lado que nunca encarnan con nosotros, pero muchas son más cercanas a nosotros que nadie en la Tierra). Por lo general, hay cientos de personas y mascotas esperando a quien pasa al Otro Lado para celebrar su regreso a Casa... y muchas veces, ¡hay una gran fiesta!

Es verdad que algunas entidades no llegan al túnel, pero es tan raro que el número es prácticamente insignificante. Aunque es suficiente para que quienes tuvieron un ser querido que murió por su propia mano o de alguna otra manera traumática se preocupen de si lograron llegar a Casa. Bueno, muchos suicidios sí llegan porque están hartos de ser bipolares o emocionalmente desquiciados, de manera que no son responsables de sus actos.

Entiendo cuando la gente me pregunta si un ser querido logró llegar, pero no entiendo cuando digo que sí, y entonces me preguntan si está contento. No importa cómo murió alguien, el Otro Lado es un paraíso en el que no existe negatividad de ninguna especie. Por lo tanto, cualquiera que muere y llega al Otro Lado está feliz más allá de nuestros sueños y expectativas; después de todo, está de regreso en la vida verdadera que Dios creó para todos nosotros. En un momento u otro, todos regresaremos a Casa y, cuando lo hagamos, estaremos en un estado de éxtasis que no podemos imaginar.

Imagínate una realidad en la que no experimentemos las emociones humanas negativas de celos, odio, avaricia, holgazanería, prejuicios, envidia, enojo y similares. No necesitamos comer, ni dormir... podemos asumir cualquier aspecto físico o cuerpo que deseemos... podemos elegir a nuestros amigos y seres queridos sin ninguna repercusión... podemos trabajar en lo que queramos, con satisfacción completa y el talento necesario para hacerlo... podemos bailar, cantar, reír, mantener conversaciones íntimas e importantes... podemos estudiar e investigar todo lo que queramos... y la lista sigue y sigue. Piensa en cualquier cosa que te dé plenitud y ¡puedes hacerla!

El Otro Lado es la utopía de la creación y, como tal, la mayoría de las entidades (excepto los espíritus guía) tienden a ser menos empáticos y a no preocuparse de los problemas de quienes seguimos en la Tierra. No es que no nos quieran o que no les importemos, pero saben que este plano es transitorio. También, con todo el conocimiento que tienen a su alcance saben qué debemos experimentar, y también saben que lo lograremos y que dentro de poco estaremos de regreso con ellas. En este paraíso no existe el tiempo, así que 50 años de nosotros, para ellas son como unas cuántas semanas, ¿y qué significan unas cuántas semanas en el esquema de la eternidad?

Ahora puedes ver por qué quienes están en el Otro Lado no se preocupan mucho por los eventos diarios de nuestra vida en la Tierra, en especial cuando saben que pronto estaremos de regreso. Claro que de vez en cuando verifican cómo estamos, aunque también saben que lo que les pasó a ellos pronto nos sucederá a nosotros, y que estaremos tan eufóricos como ellos cuando volvamos a Casa. Lo comparo a cuando los padres curan los raspones en las rodillas de sus hijos. Saben que no es nada serio, que los chicos estarán mejor en poco tiempo y que volverán a jugar felices.

Es sorprendente que, todas las cosas que te preocupaban se resbalan a medida que recorres el túnel y sencillamente sabes que todo está bien en todos los aspectos. Hay un sentimiento de certeza total, de bienestar y de un bendito alivio de todos los problemas de la vida. Es difícil de imaginar, a menos que lo hayas hecho, pero a través de mis investigaciones he descubierto que todos, sin excepción, describen estas mismas sensaciones (en regresiones, en el estado astral e incluso en el vívido estado del sueño) cuando visitan el Otro Lado.

A medida que avanzas por el túnel, que es muy brillante, ves que al final hay una luz todavía más brillante. Conforme vas acercándote, primero ves sólo siluetas, pero sigues avanzando y comienzas a distinguir los rostros de tus seres queridos que murieron. También te das cuenta, mientras avanzas, de que estás haciéndote cada vez más joven hasta que alcanzas los 30 años de edad. Si eres menor de 30 años cuando mueres, entonces madurarás y crecerás hasta que tengas 30 años, que es la edad de todos los que están en el Otro Lado.

La gente me pregunta con frecuencia cómo va a reconocer a alguien a quien sólo conoció cuando era más joven o mayor, como un abuelo o algún amigo de la infancia. Primero, no olvides que el Otro Lado es tu Casa y conoces a todo el mundo, aunque todos tengan treinta años, de inmediato reconocerás al alma como se ve a esa edad. También experimentarás una total apertura mental y con ese cambio en tu mente viene el reconocimiento de las almas sin importar su aspecto. Y por último, si estás un poco indeciso sobre avanzar hacia la luz, tus seres queridos fallecidos asumen la imagen con la que los recuerdas para facilitarte el camino hacia ellos. Aunque esto casi no es necesario porque el alma que llega suele reconocer a aquellos que están en el Otro Lado.

En Casa, todos existimos para la eternidad, conocemos a todas las almas con las que tenemos contacto ahí y nuestra memoria está tan expandida que los recordamos con facilidad. Incluso los niños son fáciles de reconocer porque antes de que todos encarnáramos, planeamos nuestra vida y cómo íbamos a interactuar. Todos teníamos 30 cuando lo hicimos y por supuesto que nos conocíamos. Sólo en la Tierra envejecemos, nos enfermamos y morimos; nunca pasa esto cuando estamos en el Otro Lado. Tenemos que dejar de pensar que este planeta es el máximo lugar de conocimiento... no lo es. Hemos vivido muchas vidas y las almas se reconocen unas a otras. Es ese instante de reconocimiento de "Te conozco desde siempre", ya sea de otra vida o de nuestra Casa.

Una vez, mi abuela me contó una historia interesante. Dijo que sintió como si hubiera tenido una "especie de sueño" en el que había ido al Otro Lado y, a través de una ventana, había visto muchos bebés. Preguntó si podía entrar y le dijeron que no porque los bebés estaban listos para ir a la vida.

Le dije a Francine, "Pensaba que en el Otro Lado todos teníamos 30 años". Me contestó que tenemos 30 años hasta cuando estamos listos para encarnar. En ese momento nos ponen en "estado de bebé" para que nuestra alma se acostumbre y se oriente a venir a la vida. No obstante, en este nivel se encuentran en un estado de espera. Además, varios padres sufren mucho, y con razón, cuando tienen un aborto espontáneo o el bebé nace muerto, pero a través de la investigación he descubierto que en tales situaciones, la entidad no encarna. Le pregunté a Francine y dijo que eso es verdad puesto que ningún alma aprende nada de una vida no cumplida.

De manera que, aunque es transitorio, este nivel es muy importante para las almas entrantes y las salientes. Es la última parada antes de que una persona encarne para aprender para Dios, así como la primera parada para un alma que regresa a Casa. Repito, esta área es un impacto enorme para las almas entrantes y las salientes en el sentido de que la diferencia entre cómo alguien se siente entre el Otro Lado y el plano terrenal va más allá de la comprensión. Nuestra alma no está acostumbrada a la enorme diferencia entre un reino donde no existe la negatividad y otro en el que está descontrolada. Gracias a Dios sólo tenemos que irnos y experimentar ese infierno durante poco tiempo para darnos cuenta de que ¡tenemos una Casa maravillosa y hermosa a la cual regresar!

CAPÍTULO 11

EL SEGUNDO NIVEL: ORIENTACIÓN

E l segundo nivel del Otro Lado en realidad es el proceso de orientación, el cual puede ser de varias formas. Como mencioné en el capítulo anterior, cuando salimos del túnel, por lo general nos reunimos de inmediato con nuestros seres queridos y nuestras mascotas. Dicha reunión puede ser breve o de mayor duración, pero eventualmente comenzamos con un proceso de orientación que es diferente para cada alma –puesto que cada alma es única en sí misma–. No es sólo un proceso de aprendizaje para reorientarnos en Casa, sino que es un proceso de sanación que ayuda a aliviar el trauma del alma que sucede en la encarnación, y cuando un alma cambia entre dos dimensiones de tan diferente naturaleza.

Tu guía espiritual te lleva de inmediato al Salón de la Sabiduría, es una hermosa construcción blanca, estilo románico, con pilares brillantes y escalones de mármol que conducen a unas enormes puertas doradas que se abren a medida que te acercas. Después te llevan a una habitación que te es familiar después de muchas vidas. El techo en forma de domo emite prismas de luz brillante y te sientas en silencio sobre una banca de mármol. Una pantalla de video emerge del piso en la que ves en tercera dimensión tu recién vivida existencia, tan real como si estuvieras ahí, aunque eres sólo un observador. En este momento, son sólo tú y la presencia de Dios quienes observan toda tu vida.

Ahora, el hecho de que hayas vivido 80 años no significa que te quedes sentado ahí durante ese mismo tiempo, acuérdate de que el tiempo en realidad no existe en el Otro Lado. Además, el poder de tu cerebro ahora funciona al cien por ciento, de manera que observas y absorbes información con mayor rapidez y precisión. Literalmente estás escaneando tu vida (razón por la cual este mecanismo es llamado "la máquina escaneadora"), pero con mucho mayor detalle y precisión que lo que hubieras obtenido en la Tierra.

Observas cada parte de tu vida, incluyendo tus actos e influencias, junto con lo que no hiciste y tomas notas mentales. Nuestra mente está tan expandida en el Otro Lado que con eso es suficiente. (En esta vida, es probable que necesitaras varias libretas con extensas notas y repasar y repasar diferentes áreas de tu vida para recordar lo que podrías o debiste haber hecho, o mentalmente "guardar" las partes buenas).

Conservas lo que sientes que debiste haber hecho y el gozo de lo que hiciste, por supuesto que tienes sentimientos, pero no volverás a experimentar dolor, rechazo o tristeza. Yo diría que ves las cosas desde una perspectiva más clínica, en otras palabras, no hay berrinches, ni sorpresas, ni te maldices por tu estupidez. Nadie va a criticarte, ni escucharás la voz de Dios retumbando y diciéndote que debería darte vergüenza. Al contrario, estás más interesado en el hecho de que te apegaste al plan que previamente escribiste. Te das cuenta de cuáles fueron tus fortalezas y tus debilidades, pero sobre todo, tienes una sensación de felicidad por haber sido tan valiente como para venir a la Tierra por Dios. En verdad es un tiempo de reflexión sobre tu recién vivida existencia y muchos recuerdos borrosos se vuelven nítidos sin sufrimiento.

Cuando termina esa faceta de Orientación, tu guía te conduce al Salón de la Justicia –otra construcción estilo románico que también tiene prismas de luz que emanan del mármol rosa– que es donde está el Concejo. El Concejo es un grupo de almas muy avanzadas (también llamadas "la Hermandad" o "Avatares" o "Ancianos") elegidas como consejeros por Dios, que son muy espirituales y evolucionadas. También son las únicas en el Otro Lado que se ven mayores, lo que define su sabiduría. Visten túnicas blancas con bandas doradas y se sientan en una mesa de tamaño tal que puedes caminar entre ellos, con estas adorables entidades reunidas a tu alrededor.

Todas las personas de todos los niveles pueden acudir al Concejo si lo desean, y ya sea que se trate de conformar un plan para una vida determinada o de revisar la recién vivida, su sabiduría es invaluable. En Orientación se te pide que hables sobre tu vida y lo que decidiste completar antes de regresar, y el Concejo revisa tu plan contigo –mismo que, desde luego, te ayudaron a planear antes de que fueras a la Tierra–. Te piden que expliques cómo sientes que lo hiciste, y de ninguna manera es un procedimiento enfrentado; es más bien una crítica amorosa y una experiencia exaltante.

Te preguntan si hubieras hecho algo diferente (si es así, te preguntan cómo y por qué) y el Concejo te da su apoyo cuando te juzgas duramente. También te defienden si dices que podrías haber hecho algo mejor, amablemente te llevan a un entendimiento más profundo de por qué pudiste haber perdido algunos de los indicadores en tu camino particular. En verdad es lo que dice su nombre: consejos que informan y ayudan a que veas las experiencias de manera más clara.

Después te dan tiempo para que decidas si quieres volver a la vida. Le pregunté a Francine cuánto tiempo te dan y me respondió que es difícil decir una cantidad (de hecho, a menudo me dice que una de las cosas que más trabajo les cuesta es poner una secuencia de eventos en un marco de tiempo puesto que éste no existe en el Otro Lado). No obstante, puede darme la secuencia de eventos después de que salimos del Concejo. La mayoría de las personas que muere en el plano terrenal tarda aproximadamente tres días de nuestro tiempo en reunir por completo su esencia después de morir, pero en el Otro Lado tarda uno o dos minutos. Este contexto de eventos o acciones es lo que más comúnmente experimentamos durante la orientación, pero a veces puede variar. Para algunas personas será un proceso más corto que para otras –todo depende de las necesidades del individuo.

Cuando sales de la sesión con el Concejo, te vas a un lugar cercano al Salón de la Justicia, donde hay un gran prado y un jardín de rosas. Ahí te reúnes de manera muy personal con tus seres más íntimos, puedes estar a solas con tu alma gemela durante un rato o caminar con varios de tus seres queridos. También puedes "fusionarte" con otras entidades y, cuando lo haces, tienes una sensación orgásmica –además, compartes con ellos las experiencias que acabas de vivir sin que ellos tengan que vivirlas–. Es mucho más sencillo que explicarles lo que acabas de vivir.

También puedes volver con ellos a la máquina de escáner, y permitir que vean tu vida entera o partes de ella si eso les ayuda a aprender.

Voy a hablarte de algo relacionado al tema. Mira, cuando pasa algo fantástico en nuestra iglesia podemos "señalarlo", lo cual significa que es un momento especial que nos gustaría revisar de nuevo; que otras personas vean cómo lo manejamos o ver cómo su resultado afectó a otros eventos. También nos gusta compartir los momentos chistosos o de risa. Es como cuando a mis chicos les sucede algo maravilloso o cuando estamos todos juntos en un momento especial y yo les digo, "Cierren los ojos y graben este momento para que, cuando la vida se ponga difícil, puedan verlo como un álbum de fotos mental y recordar cómo se sintieron".

Volvamos al Otro Lado. Puedes decidir ir a las Torres detrás del Salón de Registros, son una gran estructura grecorromana que contiene todos los pergaminos y registros de las vidas. También se les llama "Registros Akashicos", que son el conocimiento registrado de toda la humanidad desde el infinito, así como toda acción relacionada a los humanos, a la Tierra o al universo. Las Torres son unas hermosas estructuras góticas a las que puedes ir a estar tranquilo a meditar o a contemplar. Por dentro parecen un monasterio con velas entremezcladas, con bellos reflejos de luz de las ventanas y grandiosas fuentes por todos lados, junto con muchas alcobas para tener privacidad.

En algunos casos, las entidades vuelven de la Tierra y se les coloca en un "capullo". Esto sucede cuando el alma sufrió muchos traumas en la vida que acaba de vivir. Esto no necesariamente significa que su paso haya sido difícil o doloroso, simplemente puede ser resultado de un paso muy rápido o de una vida en la que tuvo muchas cicatrices. En estos casos, las entidades son colocadas en un estado como de sueño en una cámara cerrada y reciben una terapia para sanar cualquier trauma que hayan experimentado. Para estas entidades, el proceso de orientación es más lento, pero puesto que sabemos que en el Otro Lado no existe el tiempo, sucede rápidamente. Cuando despierten verán a sus seres queridos y entrarán al Salón de la Sabiduría a revisar sus vidas, pero ahora con la mente y el alma sanadas.

El proceso de colocarlas en capullos es muy amoroso. Lo comparo a cuando regreso de una conferencia y una firma de libros agotadoras. Es rico volver a mi casa, estar en mi cama y quedarme acostada durante un rato para descansar, dormir y recuperar fuerzas hasta que tenga ganas de volver a mis actividades diarias. Así es el tipo de terapia que en el Otro Lado reciben las almas agotadas y traumatizadas.

Las entidades que fueron torturadas o traumatizadas de manera tal que sus mentes quedaron afectadas, por lo general son puestas en capullos, también la gente que está muy apegada a alguien que sigue en la Tierra, como me pasó con mi padre. Pasaron diez meses terrestres antes de que pudiera contactarlo y Francine me dijo que fue así porque le costó mucho trabajo dejarme. Aunque en el Otro Lado no existe el miedo, la añoranza, ni la culpa, dichas entidades son puestas en capullos para facilitar su reorientación y asegurar su comodidad. Que te pongan en un capullo no es ningún estigma y Francine dijo que nadie ha estado así durante años terrestres (que sería equivalente a unos cuantos días para ellos). Pensemos que es como una estación de descanso en la que los individuos son cuidados y reconfortados.

Mientras que los capullos no son inusuales, la mayoría de las entidades tiende a hacer todo el proceso de inmediato, es decir, pasa por el túnel, saluda a sus animales y a sus seres queridos, va al Salón de la Sabiduría y al salir, termina las actividades que dejó pendientes. Así pues, este segundo nivel es bastante rápido porque es un proceso muy agradable en el que nos acostumbramos a un ambiente sin la negatividad de la vida de la que venimos. Es el nivel para retomar el control de nosotros mismos y reorientarnos antes de seguir a los siguientes niveles.

Capítulo 12
El tercer nivel: Cría de Animales y Agricultura

C uando estamos en Casa trabajamos en lo que nos apasiona y estamos plenos de felicidad en todas nuestras ocupaciones. Estoy segura de que casi todas las entidades traen con ellas el amor por algún tipo de trabajo cuando vienen al plano terrenal, y con suerte, aquí abajo podremos realizar lo que tanto disfrutábamos en el Otro Lado.

No importa en qué nivel estemos, podemos visitar, trabajar y tener seres queridos en diferentes niveles. En otras palabras, no hay "distinción de clases" entre los niveles. Cuando voy al Otro Lado, por lo general estoy en el sexto nivel (el de los maestros y catedráticos), pero también visito con frecuencia el tercer nivel porque es donde se lleva a cabo todo el trabajo con follaje, flores y jardinería. Ahí también están los animales. Y mientras que algunas entidades de este nivel realizan tareas diferentes –como cuidar a los animales y hacer investigaciones en otro campo al mismo tiempo– a la mayoría le gusta hacer su trabajo e investigaciones en la misma área.

No puedes imaginarte la belleza que crean quienes están en agricultura: hay especies nuevas de orquídeas y aquí crean y cuidan todas las plantas que puedas imaginarte. Las plantas crecen más de dos metros de altura, no hay insectos, ni tampoco enfermedades como hongos. Aunque me han dicho que no existen los insectos como tal, las plantas deben tener una manera de polinizarse (¡uy! –volví a caer en la trampa de pensar que el Otro Lado es como la Tierra!). A pesar de que no se necesitan jardineros para dar mantenimiento a la abundante flora, muchas entidades eligen hacerlo sólo porque les encanta.

En el campo de los animales y la agricultura, este nivel también tiene muchos investigadores. Se estudia el comportamiento, aunque es limitado hasta cierto punto pues las acciones instintivas, como cazar, no se realizan en el Otro Lado y la comunicación animal no es un misterio –todas las personas entienden a todas las criaturas y viceversa–. Hay muchas actividades que se realizan con animales, como equitación y exposiciones de caballos, de perros y adiestramiento, etcétera. En este nivel, las entidades pueden entrenar animales, montarlos, jugar con ellos e incluso interactuar con ellos, aunque dicha interacción nunca alcanza el nivel que se tiene con un ser humano... puesto que el Otro Lado no es Narnia.

La gente en este nivel cuida a todas las criaturas, incluso a los que en vida fueron salvajes y no tuvieron dueño, así como las que decidieron quedarse y esperar a sus seres queridos. Mucha gente me ha expresado su preocupación por sus queridas mascotas que han muerto. Les preocupa si los animales sobrevivieron a la muerte y si ellos, los dueños, podrán encontrarlos o reconocerlos en el Otro Lado. Pues sí, sobreviven y los reconocerán. De hecho, algunos animales se quedan en el Otro Lado con sus parientes o seres queridos que conocieron en la Tierra.

Diré de una vez por todas que los animales no reencarnan porque no tienen necesidad de hacerlo. Tienen una única vida y tampoco tienen nada qué aprender puesto que son perfectas criaturas instintivas de Dios. No sienten avaricia, codicia, ni celos; y son enviadas a la Tierra para ayudar a la humanidad. Los animales salvajes son fuente de alimento para nosotros y ayudan al medio ambiente a mantener el equilibrio de la naturaleza (mientras que los humanos insisten en desequilibrarla). Los animales domesticados, como las vacas, los cerdos y las ovejas sirven para alimentarnos e incluso para vestirnos. No obstante, en cuanto a las mascotas, nos dan una compañía devota y horas y horas de placer y entretenimiento amoroso.

En buena parte, los animales han sido maltratados por los humanos y creo con firmeza que las criaturas renegadas se volvieron así debido a que la crueldad y el abuso las han convertido en entidades que deben luchar para sobrevivir. Sin embargo, los cuidadores de estas benditas criaturas las cuidan amorosamente en el Otro Lado. Tampoco es raro ver a un chango montado en la espalda de un tigre de bengala jalándole las orejas, mientras el gigante galopa por los jardines. De hecho, todas las magníficas creaciones de Dios juegan e interactúan constantemente, y sin la necesidad de comer o dormir. El instinto de supervivencia no es un problema.

Muchas entidades del Otro Lado hacen viajes especiales para ver e interactuar con los animales. Ver grandes manadas y grupos de estas magníficas criaturas en la maravillosa belleza de la naturaleza es un agasajo. También hay especies extintas, como los dinosaurios, y son de los favoritos para observar. Los miles de millones de diferentes especies de animales –así como un sinfín de peces y aves en los océanos y los cielos– están para que los disfrutemos, los estudiemos y los observemos.

La mayoría de las criaturas del Otro Lado viven en la misma área, y quizá te preguntes cómo viven tantas en lo que te parece un espacio limitado. Te repito, el Otro Lado no es como la Tierra. Así como el tiempo no existe ahí, tampoco existen las limitaciones geográficas.

No es fácil de explicar, pero la física del espacio es diferente en el Otro Lado –nunca hay aglomeraciones–. Habrás escuchado el viejo adagio de 10,000 ángeles sentados sobre la cabeza de un alfiler; pues en Casa es algo parecido. Millones de creaciones de Dios cohabitan en lo que parece un área limitada, sin aglomeraciones; con grandes áreas de campos abiertos, montañas, lagos, ríos, arroyos, océanos y playas que exhiben la verdadera belleza de la naturaleza; junto con preciosos jardines y magníficas estructuras en las que todos vivimos. En verdad es un paraíso, es tan espectacular que las palabras no pueden describirlo.

Capítulo 13
El cuarto nivel: Pasatiempos artísticos y estéticos

En el cuarto nivel encontramos escritores, pintores, escultores, compositores, músicos, cantantes, poetas y artistas junto con artesanos y arquitectos que manejan ladrillos, madera, barro, mármol o cualquier otro medio que ayude a la gente a crear sus propios diseños o lo que se imaginen.

Este nivel también comprende a cualquiera en la industria de la construcción, moda y diseño de interiores, constructores de muebles, ebanistas, gente que disfruta trabajando con máquinas o cocinando e inventando platillos exóticos. Es importante señalar que, aunque en el Otro Lado no son necesarias algunas ocupaciones como chef, contadores, mecánicos, políticos, soldados y similares, muchas personas siguen trabajando en ellas por el gusto de hacerlo. Estas entidades ven el fruto de su labor convertido en nuevos diseños o teorías que surgirán en la Tierra. Por ejemplo, un chef experimenta con diferentes tipos de cocina y, puesto que no necesitamos comer cuando estamos en Casa, él puede poner una nueva receta en la mente de alguien que trabaja en las artes culinarias en la Tierra.

Ahora, alguien como Beethoven nace con el conocimiento que adquirió en el Otro Lado. Algunas personas traen cosas consigo de vidas pasadas, y yo creo que tenemos que ser conscientes de que hemos estado en el Otro Lado durante miles de años, de manera que el conocimiento adquirido se queda con nosotros cuando encarnamos. Piensa en Leonardo, Rafael, Miguel Ángel y otros grandes artistas y escultores que nos han dejado ese legado; y mira todos esos nuevos diseños arquitectónicos que nunca habían sido vistos. ¿De dónde crees que provienen todas esas ideas? Adivinaste, o las traemos o nos las inculcan desde el Otro Lado. La antigua arquitectura de los griegos, romanos y egipcios son copias de lo que ha existido desde siempre en Casa y nos las hemos llevado al plano terrestre.

Así que no sólo elegimos nuestra vida al encarnar, sino que también traemos conocimientos maravillosos. Por desgracia, también traemos muchas cosas negativas que nos ocurrieron en vidas anteriores, que se traducen en enfermedades y fobias. No me refiero a que, si fuiste un gran escritor en tu vida anterior, no te traigas esa habilidad, pero no puedes negar el hecho de que probablemente eres un gran escritor o pintor, o lo que sea, en el Otro Lado.

Una y otra vez en mis lecturas he visto que hay un número creciente de gente que nace con habilidades artísticas definidas. De hecho, toda la cultura que veo quiere ayudar a mejorar al mundo a través de investigaciones o creando belleza. También, muchas entidades están regresando de la Atlántida y Lemuria, donde reinaba un conocimiento supremo. Como Platón los describió, eran lugares de belleza y avance, pero la tendencia humana a la violencia y la inclinación polar los destruyó. Sin embargo, las entidades que vivían ahí lograron traer parte de la belleza y la tecnología del lugar.

A propósito de la Atlántida, Francine dice que en un tiempo fueron tan avanzados, en cuanto a conocimiento sobrenatural y tecnológico, que no se compara a nada de lo que conocemos hoy en día. Yo creo que en su momento más grandioso, la Atlántida era la instancia en la Tierra que reflejaba al Otro Lado (o por lo menos más que en cualquier otro tiempo).

Hay gente que piensa que quienes creemos en la Atlántida estamos locos, pero también se pensaba lo mismo de Cristóbal Colón y de Marco Polo. En un futuro no muy lejano encontraremos restos de la Atlántida cerca de la isla griega de Santorini. Este descubrimiento nos dará una idea de cómo es el Otro Lado y de la similitud entre la arquitectura romana y griega con las estructuras que tenemos en Casa. (Si quieres más información sobre la Atlántida y Lemuria, busca mi libro *Secretos y misterios del mundo*).

Capítulo 14
El quinto nivel: Científicos, Entidades con Propósito de Vida y Viajeros Místicos

E l quinto nivel es el reino de lo que se conoce como "entidades con propósito de vida" y "viajeros místicos", junto con investigadores, científicos y ciertos tipos de consejeros. Este nivel tiene gran diversidad y movimiento (como el sexto); en él, muchas entidades realizan más de una tarea en otros niveles e incluso intercambian niveles dependiendo de lo que estén haciendo. Por el contrario, mientras todos los niveles interactúan y algunos habitantes cambian sus áreas dependiendo de lo que estén haciendo, el tercer y el cuarto nivel contienen aquellos que no eligieron tanta diversidad como los del quinto y sexto niveles.

Hay menos viajeros místicos en comparación con las entidades con propósito de vida –y si comparamos con la población del Otro Lado, la verdad es que casi no hay entidades con propósito de vida–. Ambos tipos de alma están intentando cumplir con un plan que dicta que Dios Madre debe estar en el primer plano en la religión después de estar suprimida durante siglos. Puedes distinguir a estas entidades por su búsqueda de espiritualidad y por el hecho de que se alejan de las multitudes. Vienen a recordar a la humanidad la realidad de lo que es Dios y la razón por la que estamos aquí. Como Juana de Arco, están en una misión o tienen el objetivo de provocar lo que está bien, a costa de lo que sea.

Esto no significa que todos los que han sido martirizados sean entidades con propósito de vida, pero son muy grandes las probabilidades de que cualquiera que muera o incluso viva por un propósito superior, lo sea. Por otro lado, un viajero místico siempre crea un mejor entendimiento en el campo espiritual. Estas entidades van a cualquier planeta o galaxia donde las necesiten para dar lugar a la comprensión de Dios, del amor y del viaje de la vida y del más allá.

Jesucristo fue un verdadero viajero místico, y no pierde valor al decir que hoy en día hay otros en la Tierra, igual que los ha habido siempre desde los comienzos de la humanidad. De manera similar, cada religión tiene su propio portavoz, como Buda, Mahoma y muchos otros, quienes por medio de su vida y sus escritos han intentado crear un bien superior.

Las entidades con propósito de vida comienzan (no necesariamente de manera espiritual en un principio, aunque después se mueven a dicha área) queriendo ayudar a la gente y penetran con el conocimiento sobre Dios, la bondad, el Otro Lado o simplemente salvando a la humanidad en general. Es como cuando Martin Luther King Jr. dijo, "Tengo un sueño". Un sueño que él deseaba que se volviera realidad y en el que toda la humanidad –negros, blancos, amarillos, rojos y cafés– se unía y se amaba puesto que todos fuimos creados por Dios todopoderoso. (No quiero parecer negativa, pero fíjate cuántas de estas entidades sufren mucho o incluso sacrifican su vida. Algunas veces ven y sienten tanto que sus vidas están llenas de una gran angustia).

Las entidades con propósito de vida y los viajeros místicos se sienten poco entusiastas después de llegar a la Tierra puesto que, con frecuencia, sus vidas están a disposición de cualquiera. Esto no quiere decir que no tengan un plan... sólo que está por todos lados. Están para ayudar, viajar, hablar y escribir, utilizando cualquier medio para hacer llegar su mensaje. Y no creas lo contrario –ellos decidieron ese plan.

Además, una vez que está grabado en un alma, no puede eliminarse. Sólo una vez he escuchado que se eliminó y fue el caso de una persona que conozco. No obstante, ésa fue la única vez que he sabido de algo así puesto que ser un viajero místico o una entidad con propósito de vida requiere un gran compromiso por parte del individuo. Ahora, si dichas personas siempre son entidades puras, con un alma avanzada y dedicada al bien, ¿por qué fue retirada esa persona de su misión? No estoy segura, excepto que, por inusual que suene, dicha persona no cumplió su promesa a Dios. Estoy de acuerdo en que una en un millón no es normal, pero en todas las vidas hay eventos fortuitos de los que aprendemos.

Al parecer, esta persona estaba preocupada por la manera en que su vida estaba desarrollándose y la arrogancia y el orgullo tomaron el control y comenzó a hundirse en la autodecepción.

Si quieres ser una entidad con propósito de vida, puedes pedírselo a Dios. Pero esto significa que Le entregas tu vida y tu relación de amor con Él se vuelve muy intensa. Cuando lo haces, puedes descubrir que eres llamado para actuar para Dios, pero ¿qué mejor manera de vivir tu vida aquí? No quiere decir que debas unirte a un convento o sentarte en una roca por ahí, simplemente significa que, de alguna manera u otra, harás la voluntad de Dios. No olvides que, ya seas un viajero místico o no, es algo que está grabado en un alma y no puedes pedirlo mientras estés en el plano terrenal.

Además de los viajeros místicos y las entidades con propósito de vida, en el quinto nivel se estudian todas las ciencias y se llevan a cabo las investigaciones. (Aunque también hay científicos en el sexto nivel, pero la mayoría se encuentra en el quinto). Hay grandes centros de investigación en este nivel, con laboratorios en donde todos los días se hacen nuevos descubrimientos.

Después, estos grandes descubrimientos son infundidos a los científicos e investigadores del plano terrenal para que los compartan con el mundo. El único problema es que, gracias a la burocracia del planeta, estas "nuevas" ideas son relegadas a un segundo plano o no reciben financiación. Por ejemplo, en el Otro Lado ya se descubrió la cura contra el cáncer, pero conseguir aprobación en la Tierra es un proceso largo y tedioso.

Existe mucha interacción entre los científicos de este nivel y los que se encuentran en los demás niveles. Los científicos que realizan investigaciones sobre medicina consultan constantemente a los biólogos marinos y a los herbolarios del tercer nivel, y los investigadores de ciencias físicas consultan con ingenieros mecánicos y gemólogos. No existen los celos profesionales, ni los prejuicios académicos, ni el miedo a que te roben tu descubrimiento, puesto que todos están trabajando juntos por el bien común.

En este nivel también hay consejeros que trabajan con niños que están llegando a Casa o yéndose a la vida en la Tierra, e interactúan libremente con quienes están en el sexto nivel que ayudan a las almas traumatizadas y adultas. Debo subrayar que los del Otro Lado son la personificación de la labor en equipo puesto que trabajan juntos por el bien común y la creación de Dios. En verdad es un gozo trabajar en el área de tu elección, sin toda la falsedad y el ego que encontramos en la Tierra. No hay que desplazarse de la casa al trabajo, no hay relojes checadores, ni hay que preocuparse por ascensos ni salarios, puesto que no existe la moneda.

En otras palabras, puedes llevar a cabo lo que te apasiona en un campo en especial, sin las molestias, ni las influencias que una carrera representa en la Tierra. Cuentas con todo el material que necesitas; viajas a tu lugar de trabajo con sólo pensar en que estás ahí; tienes toda la maquinaria que te hace falta; e incluso puedes inventar el equipo necesario sin preocuparte por el presupuesto. Es un escenario ideal en el que puedes dedicarte a hacer lo que amas y sacar todo el provecho de ello.

Capítulo 15

El sexto nivel: Maestros y catedráticos

En el sexto nivel encontramos maestros, catedráticos y más consejeros. Y aunque en todos los niveles hay investigadores, la mayoría están en éste. Pueden estudiar cualquier materia que quieran en los muchos laboratorios y centros de investigación que hay, muchos de ellos exploran temas como historia o teología, por ejemplo, en el Salón de los Registros. Francine dice que este edificio es tan vasto que debes saber bien qué estás buscando. Afortunadamente hay auxiliares que funcionan como bibliotecarios para guiarte a las áreas específicas y ayudarte a obtener la información que necesitas. Este increíble edificio alberga los planes de todas las vidas que hemos vivido y las describe con gran detalle.

Los maestros y los conferencistas residen en todos los niveles, pero, repito, la mayoría se encuentra en el sexto nivel. Comparten sus lecciones con todos para aprender y disfrutar mientras están en el Otro Lado, aunque esto no significa que estas entidades sean más avanzadas que otras, más bien es una delimitación de la vocación elegida.

Los habitantes de este nivel eligieron ayudar a la gente que entra y sale de las encarnaciones, así como a los que están en el Otro Lado. Y los consejeros se encargan de los "casos difíciles" de las almas entrantes y salientes, ayudan a quienes están a punto de entrar a una vida difícil y a quienes recién regresaron de una.

En el sexto nivel también nos enseñan a ser espíritus guía. Hay más del 98 por ciento de posibilidades de que seamos (o hayamos sido) un guía, sin importar en qué nivel nos encontremos. Es como una especie de reciprocidad, un ejemplo de "hoy por ti, mañana por mí". Aunque no es tan fácil como parece pues requiere un gran esfuerzo y lo que llamamos tiempo para aprender los detalles de ser un espíritu guía para alguien. Mientras cuidamos nuestro cargo, las actividades normales que llevábamos a cabo en el Otro Lado son interrumpidas hasta que el alma regresa a Casa. No obstante, para nosotros son sólo pocas semanas y no es un problema (a excepción, quizá, de cuidar a alguien que deba completar una vida especialmente difícil).

Algunos guías, como Francine, reciben un entrenamiento avanzado porque son "guías de comunicación", lo cual significa que transmiten información en su cargo gracias a las capacidades psíquicas, como las mías. Dichos guías también deben aprender a comunicarse de manera verbal o audible (en mi caso), a usar el canal telepático con más fuerza o a descubrir cómo ocupar el cuerpo (también es mi caso) del psíquico con el que se comunican. Aunque todos los guías transmiten mensajes o advertencias. También deben prepararse exhaustivamente para ser más "humanos", de otra manera, no podrían tener empatía con los problemas terrenales.

Francine me ha dicho varias veces que ha escuchado discursos maravillosos o que ha tomado clases con Aristóteles o Benjamín Franklin, o alguna otra figura de la historia. Y te preguntarás, "¿cómo puede mi guía estar siempre a mi lado y asistir a clases o conferencias?" Bueno, no olvides que cualquiera puede "bi-ubicarse" en el Otro Lado. Lo cual significa que nuestros guías están con nosotros aunque estén absortos en un evento o haciendo algo en otro lugar.

Mi espíritu guía, por ejemplo, investiga la creación y diferentes religiones para mí, lo cual me ha sido de gran ayuda en la Sociedad de Novus Spiritus. Consulta con otros que son expertos en ese campo particular que está investigando y muchas veces me dice dónde puedo encontrar información para corroborar o hacer referencia a ella. Incluso cuando hace todo esto, nunca me deja sola –igual que tu espíritu guía está siempre contigo y dedicado a ti.

También me ha dicho que las conferencias y lecturas que se llevan a cabo en el Otro Lado son inspiradoras y la música es celestial. Me ha explicado que tienen festivales que celebran acontecimientos como nuestra Navidad, o que pueden tener tantas celebraciones como vidas ha llevado alguien, o sólo una para conmemorarlas todas al mismo tiempo. (Por lo general, los habitantes del sexto nivel son quienes organizan estas grandes celebraciones). Una entidad también puede elegir presenciar su propio día especial, como una graduación en el Otro Lado después de la muerte en la Tierra. Es algo parecido a los cumpleaños terrestres, puesto que volver a Casa es en verdad el día en que nacemos a la vida real.

Los espíritus guía, los investigadores y los maestros consultan con el Concejo cuando necesitan ayuda. Por ejemplo, un espíritu guía puede pedirle ayuda al Concejo cuando la persona a quien guía está en problemas. No interfieren, pero muchas veces tratan de ayudar telepáticamente cuando se trata de decisiones importantes o en momentos de dolor o adversidad. Podríamos decir que son los terapeutas y quienes resuelven problemas en el universo.

Existen muchas formas de enfrentarse a un obstáculo y algunas son mejores que otras. Cuando estoy confundida le pido a Francine que consulte con el Concejo sobre mi Sociedad, mis grupos de estudio o sobre mi propia vida. Las respuestas que me da siempre me hacen preguntarme, "¿Y por qué no lo pensé antes?" Cuando estaba atravesando por mi último divorcio sentía un gran dolor y decepción, y pedí ayuda. Casi de manera inmediata sentí como si un rayo de luz me cayera en la cabeza y comencé a pensar muchas cosas que no había visto, como las reservas, los celos y la necesidad de controlar de mi ex... y una vez que mi intelecto se dio cuenta, mi dolor disminuyó. El conocimiento siempre nos hace libres.

Siempre me sorprende cuando la gente siente que está tan sola cuando en realidad tiene tantos seres queridos a su alrededor que constantemente quieren ayudarla. ¡Sólo necesitas pedirlo y una gran cantidad de ayuda estará lista para ti!

CAPÍTULO 16
EL SÉPTIMO NIVEL: DE REGRESO A LA DIVINIDAD

E l séptimo nivel puede ser un poco confuso puesto que es en el que la gente renuncia a su individualidad y vuelve a la Divinidad (es decir, al todo no creado de Dios). Es una experiencia poco común, en todas las lecturas que he hecho sólo he conocido a una persona que ha estado en este nivel. Era un sacerdote y director del departamento de teología de una universidad, me dijo que no quería conservar su identidad, más bien, quería volver a Dios.

Estoy segura de que algunos budistas o monjes hindúes también aspiran a volverse parte del maravilloso corazón o mente de Dios que los creó. Además, el término nirvana se usa a menudo para el estado de ser uno con Dios. Algunas religiones creen que, para alcanzar este estado es necesario perfeccionar el alma a través de vivir suficientes vidas, y al volverse uno con Dios en la dicha eterna, ya no tienen que soportar la existencia terrenal. Pero podemos hacerlo sin necesidad de perder nuestra identidad Divina... y la mayoría lo hacemos. (Con todo y su maravilloso desarrollo, Jesús todavía conserva su cuerpo glorificado en Casa).

De nuevo, esto confirma que tenemos libre albedrío en el Otro Lado: elegimos el nivel en el que queremos estar, qué queremos hacer, cuántas y qué clase de vidas queremos para perfeccionarnos y experimentar para Dios. Incluso podemos elegir ir a otros planetas y encarnar en ellos si sentimos que eso ayudará en el avance de nuestra alma. Tenemos muchas opciones de dónde elegir y todo se hace de manera voluntaria y todo se hace en el Otro Lado.

Entonces, mientras que el resto de los que están en los demás niveles mantiene su identidad y sigue adelante con sus asuntos –ya sea vivir vidas, trabajar o investigar– las entidades que eligen ir al séptimo nivel pierden su individualidad y su identidad, pero no son destruidas. No existe el exterminio puesto que todo lo que Dios ha creado jamás puede ser destruido. Puede adoptar una forma diferente y volverse parte de lo que llamamos "conciencia colectiva".

Francine dice que la conciencia colectiva de todos los que han sido reabsorbidos a la Divinidad puede ser un arma efectiva de ayuda. Los del Otro Lado se refieren a ella como el "velo" e ir detrás de él significa buscar ayuda de esa conciencia. También me dijo que no muchas entidades se benefician de esta ayuda… y pude entender la razón después de que explicó su única visita a ese nivel.

Mi espíritu guía dice que el velo es como una barrera brillante y hermosa para contemplar. Cuando caminó a través de él, inmediatamente vio una señal que la confrontó, no la asustó, pero sí fue desconcertante: parecía que la observaban millones de rostros, la comunicación era de forma telepática, con lo que parecía ser una gran resonancia. Era como si el eco resonara en el interior de su cabeza. Aunque fue una experiencia única y enriquecedora para Francine, fue extraña de alguna manera. Y entiendo por qué no ha regresado, así como muchos deciden no ir jamás. Con su descripción de tantos rostros, quizá sí haya una especie de individualidad que se mantiene en la esencia de Dios.

Amo a Dios con mi alma y Le he dedicado mi vida, pero no elijo ir al séptimo nivel. Algunas veces no puedo esperar ir a Casa, y no es que no me guste mi vida, pero todos añoramos ese lugar incompleto que reside en nuestra alma... un lugar al que pertenecemos y que no está en la Tierra. No creo que en esta Tierra logremos encontrar la paz total puesto que nuestro subconsciente recuerda un lugar del que venimos, que es tan perfecto y hermoso y lo llamamos Casa.

Entonces, no olvides que, no importa cuál de los siete niveles del Otro Lado elijas para residir, vas a ser increíblemente feliz.

PARTE I
UNA NUEVA MIRADA A ALGUNOS FAVORITOS DE SIEMPRE

INTRODUCCIÓN
A LA PARTE IV

L a siguiente parte trata de algunos temas que he tocado en otros libros, pero no lo he hecho de manera
muy profunda. También están los tres temas que mis
fans me piden constantemente.

- Primero vuelvo a tratar la información sobre los
  doce niveles del alma que recibí de mi espíritu guía
  Francine y de las investigaciones que he llevado a
  cabo durante 50 años. Luego me abrí al punto de
  vista de Dios sobre el tema puesto que siento que si
  nos ponemos en Su situación, podremos comprender las cosas un poco mejor... o por lo menos tendremos otra perspectiva.

- Enseguida exploro uno de los temas más populares
  de mis libros y lecturas: las entidades oscuras. Te
  garantizo que Francine y yo explicamos prácticamente todo lo que siempre has querido saber sobre
  estas infortunadas criaturas.

- Por último, ilustro la diferencia entre religión (es
  decir, dogma) y espiritualidad, pues siento que se
  malentiende cuando se trata de ambas búsquedas.

De manera que prepárate para hacer un viaje increíble de descubrimientos y maravillas, es decir, conocer los recursos de nuestra creación y su propósito... por lo menos hasta el punto en el que nuestra mente finita pueda entenderlo.

Capítulo 17

Repasando los 12 niveles del alma

D ebido a que mucha de la información sobre los 12 niveles del alma está incluida en mi libro *Dios, la creación e instrumentos para la vida*, en este capítulo sólo presento un resumen de cada nivel (que adapté de dicho libro). Después intento algo diferente: relaciono cada uno de los doce niveles a áreas del libro del Génesis... y después desde el punto de vista de Dios. Reconozco que es nada convencional, pero muchas veces, la mejor manera de ver y entender información es desde otro punto de vista. Debido a que, igual que tú, soy una parte de Dios, siento que puedo utilizar mi criterio de escritora en este tema, además, ¿no te sentirías un poco decepcionado si no creara un poco de controversia?

Nivel 1: Pensamientos en la mente de Dios Padre

El primer nivel del alma está relacionado con el impulso creativo, el cual está en la raíz de las creencias más antiguas y auténticas sobre de dónde venimos. La siguiente es una cita del Génesis que se relaciona a este primer nivel, pero también se refiere al segundo y puede aplicarse a ambos. Observa que el Creador señala el hecho de que existe una dualidad –un Dios Padre y Madre: Génesis 1:26-27– "Entonces dijo Dios: Hagamos a los hombres a nuestra imagen, según nuestra semejanza, para que dominen sobre los peces del mar, las aves del cielo, los ganados, las bestias salvajes y los reptiles de la tierra. Y creó Dios a los hombres a su imagen; a imagen de Dios los creó; varón y hembra los creó".

Punto de vista de Dios: "Siempre has estado viviendo en Mí. Al ser el Padre, sostengo a toda Mi creación. Porque todo lo que he creado es parte de Mí y cada una de Mis creaciones tiene una parte de Mí en su interior, los amo a todos. Humanos, ustedes son Mis hijos, al igual que los planetas y las estrellas, los árboles y las flores, el aire y el agua, los animales y los peces y las aves. Ustedes son hijos de una clase diferente… así como la creación es tan diversa, así lo son Mis hijos, únicos en sí mismos. Cada uno tiene una parte diferente de Mí en su interior, lo que los hace ser creaciones especiales, pues ninguno otro tiene la parte de Mí que mora dentro de ti.

"Fuiste creado a Mi imagen y a la de Dios Madre. Nuestro amor por cada uno es tu fuerza vital, y así como Nuestro amor siempre existirá, tú también siempre existirás. En la realidad verdadera no existe el tiempo, ni el pasado, ni el futuro, pues Mi existencia está siempre en el ahora. Cuando estás en la realidad de lo que llamas el Otro Lado, puedes ver hechos del pasado y del futuro puesto que convergen en Mi ahora. Así que, esencialmente, todo en la creación está sucediendo al mismo tiempo –puedes hablar con alguien que esté en lo que consideras el pasado o el futuro.

"Para la comprensión finita, imagínate que percibes que el tiempo es un círculo sin principio ni final, que gira tan rápido que, sin importar en dónde entres, estás en todas las eras, siglos, décadas, años, días, horas y minutos. Tu mente sólo se enfoca y existe temporalmente en lo que llamas un 'tiempo' en particular para vivir una vida, pero eso no es la realidad. Cuando regresas a la realidad y al Otro Lado, tu mente se expande y tú existes en todos los 'tiempos' en Mi ahora. Entonces se vuelve, en cierto sentido, tu ahora".

NIVEL 2: EL PENSAMIENTO SE HIZO CARNE

Cuando Dios comenzó a tener estos pensamientos creativos, comenzó el segundo nivel de la madurez del alma. Siempre hemos sido parte del linaje de Dios; por lo tanto, compartimos Su genética. Siempre hemos escuchado que fuimos creados a imagen y semejanza de Dios, pero cuando decimos que somos Dios, todo el mundo se escandaliza. ¿Por qué no exteriorizamos esa idea, no como creencia, sino como pensamiento racional?

Como dice Francine: "Hay tantas entidades que no están lo suficientemente avanzadas como para comprenderlo, así que debes estar orgulloso de haber avanzado hasta aquí. Pero al principio, todo el mundo tiene más o menos las mismas aptitudes y habilidades. La manera en que las usen y avancen es parte de su espiritualidad".

Veamos de nuevo el Génesis 1:26-27: "Entonces dijo Dios: Hagamos a los hombres a nuestra imagen, según nuestra semejanza, para que dominen sobre los peces del mar, las aves del cielo, los ganados, las bestias salvajes y los reptiles de la tierra. Y creó Dios a los hombres a su imagen; a imagen de Dios los creó; varón y hembra los creó".

El punto de vista de Dios: "Cuando Dios Madre y Yo dimos a cada uno de ustedes una forma o cuerpo, esencialmente se volvieron hombre o mujer. No son los dos, pero ambos residen en su interior, al igual que su Madre y Yo. Ustedes son hijos de Nosotros dos. ¿No lo ven en el orden natural de las cosas de lo que llaman 'naturaleza'? Hay una dualidad constante de masculino y femenino, igual que sucede con tus Creadores. Eres una combinación de intelecto y emoción: el intelecto te da una dirección, mientras que la emoción te activa a ir en esa dirección. El equilibrio de ambos te da espiritualidad y el desequilibrio te da caos. ¿No lo ves en la naturaleza y en la forma en que las cosas progresan a una conclusión natural? Si están en desequilibrio, su progreso se ve afectado. Lo mismo sucede contigo: si estás equilibrado, floreces; si estás desequilibrado, te vuelves estático y no puedes avanzar.

"¿No ves la inmensidad del espacio y las estrellas? ¿No notas el poder ilimitado y las leyes naturales de Nuestra creación? Mientras estás en la Tierra, sólo eres capaz de ver una pequeña parte de la creación, aunque utilices los instrumentos más poderosos, ves miles de millones de estrellas y cientos de miles de galaxias que contienen todavía más estrellas y planetas. Creamos eso y más, así que ¿por qué pensarías que tus Creadores no te aman? ¿Qué caso tendría? ¡Por eso existes! ¿Por qué creer que Nosotros somos tan cortos de vista que podemos sentir enojo, venganza u odio? No nos des rasgos humanos subdesarrollados que han sido adoptados en sus diferentes dogmas religiosos y libros santos. No es real, y ¡no es la verdad!

"¿No te das cuenta de que tus ideas, tus pensamientos y tus sentimientos son parte de tu viaje para descubrir la verdad? Ahora eres un niño, y ¿cuánto puede saber un niño? Tienen unos cuantos conceptos de lo que es la verdad, pero se regocijan en tanta falsedad que los domina. Los humanos están tan ocupados peleándose y matándose unos a otros y tratando de someter a los demás ante lo que perciben como sus 'verdades' –ya sean religiosas, políticas o económicas– que no les da tiempo de darse cuenta ni de comprender lo que es real.

"Ustedes, humanos, son su peor enemigo, aunque sólo son bebés. Tu Madre y Yo sabemos que eventualmente aprenderás, aunque te lleve mucho tiempo... pero no pienses que no te amamos a pesar de todos tus errores infantiles. No esperes que Nosotros interfiramos mucho en tu desarrollo, porque aunque Dios Madre intercede de vez en cuando, no interferirá con el ámbito general de la creación. Ustedes, nuestros hijos creados, deben aprender y evolucionar en la creación, puesto que Nosotros no podemos hacerlo por ustedes –pero no olvides que Nosotros estamos siempre ahí... sosteniéndote y alimentándote".

Nivel 3: Desarrollando nuestros temas

Aquí comenzamos a desarrollar nuestros planes. Si escribimos: "Voy a ser hermoso, maravilloso y rico, y todos van a quererme y voy a tenerlo todo", no serviría para perfeccionarnos. Sólo cuando el metal es moldeado podemos convertirlo en algo, así que mientras más duros y atrevidos seamos, mayor experiencia acumularemos. Y a medida que pasamos más tiempo dentro del cuerpo físico,

172 LOS NIVELES DE LA CREACIÓN

descubrimos que la vida en la Tierra es más difícil de lo que esperábamos.

Los pasajes bíblicos que encontré que se relacionan a este nivel (Génesis 2:8-9, 2:15-17, 3:1-13 y 3:16-19) dan los fundamentos de la "caída del hombre", que en realidad es una historia alegórica para explicar que la humanidad llega a la vida en la Tierra para aprender a hacer que sus almas progresen, a pesar de estar rodeada de negatividad. De hecho el "jardín" es un símbolo del Otro Lado. (Debes entender que los humanos primitivos eran analfabetos, así que casi todo el conocimiento se transmitía a través de historias y parábolas para que pudieran entenderlas).

Siempre he cuestionado la imagen de Dios según el Antiguo Testamento: constantemente se le representa como colérico y vengativo, y en constante conflicto con la humanidad, ya sea decepcionado por ella o castigándola. No deja de sorprenderme la manera en que algunas personas creen cada palabra de la Biblia y cómo muchas veces se lo toman de forma literal. El libro sagrado se contradice tantas veces que resulta completamente ilógico. Puedes ver esa contradicción en algunos de los pasajes que menciono en este capítulo... se describe que Dios es perfecto y todo lo sabe, pero ¿no sabía que Adán y Eva estaban en el jardín? O ¿tampoco sabía que habían comido del fruto prohibido –ni conocía las circunstancias de su decisión de morder dicha fruta? ¡Ay por favor!

Dios no puede hacer preguntas porque eso significaría que Él no sabe algo. Un Dios omnipotente y que todo lo sabe no hace preguntas, ¡Él las responde! Todo esto demuestra que unas personas escribieron sus propias palabras en la Biblia, en especial por el hecho de que le dan rasgos humanos a Dios. ¿Significa esto que la Biblia no contiene Su palabra y verdad? No necesariamente, pero no olvides que la gente ha mezclado ahí sus propias creencias y palabras para sus propios propósitos de conveniencia religiosa.

El único pasaje bíblico en el que quiero centrarme es el Génesis 3:1-13 –"La serpiente era el más astuto de todos los animales del campo que había hecho el Señor Dios. Fue y dijo a la mujer: '¿Así que Dios os ha dicho que no comáis de ninguno de los árboles del huerto?'. La mujer respondió a la serpiente: '¡No! Podemos comer del fruto de los árboles del huerto; sólo nos ha prohibido, bajo pena de muerte, comer o tocar el fruto del árbol que está en medio del huerto'. Replicó la serpiente a la mujer: '¡No moriréis! Lo que pasa es que Dios sabe que en el momento en el que comáis se abrirán vuestros ojos y seréis como Dios, conocedores del bien y del mal'.

"La mujer se dio cuenta entonces de que el árbol era bueno para comer, hermoso de ver y deseable para adquirir sabiduría. Así que tomó de su fruto y comió; se lo dio también a su marido, que estaba junto a ella, y él también comió. Entonces se les abrieron los ojos, se dieron cuenta de que estaban desnudos, entrelazaron hojas de higuera y se hicieron unos ceñidores.

"Oyeron después los pasos del Señor Dios que se paseaba por el huerto a la hora de la brisa, y el hombre y su mujer se escondieron de su vista entre los árboles del huerto. Pero el Señor Dios llamó al hombre diciendo: '¿Dónde estás?' El hombre respondió: 'Oí tus pasos en el huerto, tuve miedo y me escondí porque estaba desnudo'. El Señor Dios replicó: '¿Quién te hizo saber que estabas desnudo? ¿Has comido acaso del árbol del que te prohibí comer?' Respondió el hombre: 'La mujer que me diste por compañera me ofreció del fruto del árbol, y comí'. Entonces el Señor Dios dijo a la mujer: '¿Qué es lo que has hecho?' Y ella respondió: 'La serpiente me engañó, y comí'".

El punto de vista de Dios: "De acuerdo con el hecho de que Nosotros amamos a todas Nuestras creaciones, tu Madre y Yo tenemos un paraíso para que habites en él como la realidad verdadera de tu existencia, aquel que tú llamas 'paraíso' o el 'Otro Lado'. Sabiendo que tienes que aprender para progresar, también Nos dimos cuenta de que parte de ese proceso tendría que ser conocer la naturaleza del mal y de la negatividad. Dichos estados no residen en tu paraíso de Casa, sino en otra dimensión llamada Tierra. La Tierra es una dimensión temporal que, durante un momento (que tú llamas 'años') te permite experimentar esa negatividad para progresar al nivel de educación que deseas con libertad de elegir. En otras palabras, tú eliges qué nivel de perfección y aprendizaje quieres para ti y tu alma. Esto va de la mano de la premisa de que eres único. Cada uno de ustedes elegirá un nivel diferente de aprendizaje o perfección para sí mismo y además, elegirá también qué lección la incluye y cómo la obtendrás.

"Voy a hacer una analogía para que lo comprendas mejor. En tus sistemas de educación, las materias son 'mayores' y 'menores', eliges áreas particulares para trabajar en el progreso de tu alma. Debido a que cada una tiene posibilidades infinitas de diversidad, obtener todo el conocimiento es lo que tú llamas 'imposible'. Tú no eres Nosotros, y no esperamos que lo seas... pero date cuenta de que, cuando toda Nuestra creación es integrada, tu conocimiento es parte de Nuestro conocimiento y tu experiencia es parte de Nuestra experiencia. Cada uno de ustedes tiene su lugar en la creación y cada lugar es único e importante. Amamos y cuidamos a todos ustedes".

Nivel 4: Escribiendo nuestros planes

En el cuarto nivel se establecen los detalles de cada vida. Tomamos un tema y en cada existencia debemos perfeccionarlo de la mejor manera que podamos. Algunos temas parecen más difíciles que otros –pero no necesariamente es así– sólo afectan de forma distinta a cada persona.

Nuestra experiencia es una retroalimentación directa a Dios, Quien, en toda Su sabiduría, no puede experimentarla si no es a través de Sus "diez dedos" (creaciones). Nosotros somos esos dedos que se mueven y sienten. No es que no tengamos inteligencia, sino que experimentamos para Dios porque somos chispas de Él. Saber que nunca nos perderemos en el ambiente de las cosas es un pensamiento relajante: nunca iremos a ningún lugar sin ser percibidos. Como dijo Jesús, "Cada cabello de tu cabeza está contado". ¿Podrías decir que los padres terrenales no conocen el amor entre sus hijos y ellos? ¿Cómo piensas que se compara al amor entre Dios Padre y Madre y Sus hijos? Es todavía más grandioso debido a Su magnanimidad e inmensa capacidad de amar.

No hay diferencias reales en la Biblia a los temas de la vida a excepción de que se menciona la diversidad de ocupaciones.

El punto de vista de Dios: "Todo en la creación está abierto a quienes buscan el conocimiento. Así como la creación es tan vasta, también lo es el conocimiento. Sólo necesitas formular la pregunta y entonces buscar la respuesta, que siempre está al alcance del que busca.

"En la creación existe un orden total. Ese orden alcanza hasta el menor de los detalles, y como tal, también alcanza a los temas de tu vida. Te da materias específicas para que estudies y aprendas, te presenta un curriculum de vida que puedes aumentar para el perfeccionamiento de tu alma. Puesto que existen tantas facetas del mismo tema, el aprendizaje no sólo es un gozo, sino que puede ser de un alcance infinito. A medida que haces descubrimientos, tu alma crece en desarrollo y conocimiento y en verdad 'glorifica al Señor'".

NIVEL 5: COMENZANDO A EXPERIMENTAR

El quinto nivel es cuando comenzamos a experimentar; cuando las emociones comienzan a separarse del intelecto puro. Es cuando el corazón empieza a doler –es el difícil nivel en el que nos separamos del gran intelecto.

Cuando te alimentas del árbol del conocimiento significa que debes experimentar. ¿No ves lo racional que es? Todo mundo dice, "Que mala era Eva. Era terrible, ¿verdad?". Bueno, pues no era más que el símbolo de las emociones, pero tuvo que ser el impulso para el intelecto, puesto que, el intelecto, por sí mismo, no puede hacer nada. Por ejemplo, si yo concibo este libro, me hace falta el ímpetu para hacerlo realidad. Algo tiene que funcionar como motor.

Y esto nos lleva al Génesis 3:22-23 –"Después el Señor Dios pensó: 'Ahora que el hombre es como uno de nosotros, conocedor del bien y del mal, sólo le falta echar mano al árbol de la vida, comer su fruto y vivir para siempre'. Así que el Señor Dios lo expulsó del huerto del Edén, para que trabajase la tierra de la que había sido sacado".

El punto de vista de Dios: "El conocimiento puede ser de todas las cosas, pero la experiencia es una gran parte de ello. No puedes tener un conocimiento total y completo de algo hasta que no lo hayas sentido y estudiado. Gran parte de tu experiencia será prueba y error... con énfasis en el error. Y esto no quiere decir que si te equivocas entonces eres malo o negativo. Cuando no aprendes de tus errores es cuando verdaderamente niegas el conocimiento y evitas que funcione para ti. Esto te retrasa muchas veces y tienes que repasar el mismo material una y otra vez para por fin comprenderlo.

"La espiritualidad no es más que la acumulación del conocimiento verdadero. La clave es verdadero. Puedes observar lo que consideras que es un 'hombre santo' que tiene lo que al parecer es un gran conocimiento de espiritualidad, pero si ese conocimiento está lleno de mentiras, entonces es como polvo en el viento... completamente inútil y algunas veces dañino. No consideres que es espiritual lo que a través de riqueza o adornos se hace ver como espiritual, o las enseñanzas que condenan a otros hasta el punto de inspirar odio y maldad. No consideres que las religiones hipócritas son espirituales puesto que se protegen a sí mismas a toda costa.

"Recuerda que Nosotros no necesitamos tu adoración y veneración y Nosotros no queremos que Nos temas. Recuerda también que Nosotros abrazamos el amor que Nos das. Amamos de manera unilateral e incondicional a todas Nuestras creaciones, entonces ¿por qué pensar que Nosotros tomaríamos partido por un lado u otro en una guerra? Ambos lados contienen a Nuestras amadas creaciones, y Nosotros no tomamos partido en sus insignificantes diferencias. ¿Por qué pensar que no los amamos a todos? Nosotros no los castigamos, ustedes se castigan a sí mismos... así como se juzgan a sí mismos. Nosotros alteramos la creación al reabsorber las partes que no son necesarias, pero no existe el 'día del juicio final' puesto que todos ustedes están en Nuestros corazones".

NIVEL 6: ENCARNANDO EN VIDAS FÍSICAS

Siempre se ha sabido que la única manera en que podemos perfeccionarnos es dentro de un ambiente negativo, porque no podríamos hacerlo en uno maravilloso y feliz.

Podemos preguntarnos en qué estábamos pensando cuando escogimos nuestros cuerpos humanos. Podemos pensar, "¿Por qué no elegí uno mejor que éste? ¿Por qué no fui más alto, bajo, gordo o delgado?". Eso es algo que tenemos que superar en el mundo físico. Pasamos demasiado tiempo preocupándonos por nuestra nariz, nuestros ojos o nuestro cabello; luego envejecemos y morimos y ¿qué más da? No creo que nadie vaya a recordar el hecho de que tus ojos estaban demasiado juntos, o que tu nariz era muy grande o que tus pechos eran pequeños.

Al ser profesora durante muchos años, me encantaba contar la historia de una niña pequeña que no podía encontrar a su mamá. Corría entre la multitud gritando, "¡Deben haber visto a mi mami, es la mujer más hermosa del pueblo!" Todo el mundo estaba intrigado y pensaba, ¿Quién es esa mujer? La niña dijo, "Les digo que es la mujer más hermosa. La reconocerán de inmediato". Así que todos buscaron a esta mujer que robaba el aliento, pero nadie logró encontrarla. De repente, surgió de entre la multitud una mujer chimuela, con el cabello desordenado, ataviada con una túnica, muy baja de estatura y gordita. La niñita la miró y los ojos le brillaron. "¡Ahí está!", gritó.

"¿No lo ven? Es la mujer más hermosa del mundo". Y por supuesto que lo era, a través de los ojos de esa niña.

Habiendo dicho lo anterior, me resulta interesante que, según el Génesis, los humanos alguna vez vivieron cientos de años. Después llegamos a esa parte en particular en la que Dios pone un límite en el número de años vividos. Génesis 6:1-3 –"Cuando los hombres empezaron a multiplicarse en la tierra y les nacieron hijas, los hijos de Dios vieron que las hijas de los hombres eran hermosas y tomaron para sí como mujeres las que más les gustaron. Dijo entonces el Señor: 'Mi aliento no permanecerá por siempre en el hombre, porque es mortal; la duración de su vida será de ciento veinte años'".

El punto de vista de Dios: "Al darte libre albedrío, tu Madre y Yo nos abrimos a un proceso de aprendizaje. La mayoría de ustedes decide adquirir conocimiento en muchas áreas, y parte de ese proceso es encarnar en el plano terrenal o en los planos negativos de otros planetas. Esos lugares son áreas en las que residen el mal y la negatividad. Debido a que la negatividad es parte del conocimiento, por lo general se manifiesta como emoción. Nuestras creaciones son emocionales, cada una posee intelecto y sentimiento en su interior, y puesto que están en la etapa de la infancia en el proceso de aprendizaje, las emociones rigen más que el intelecto en estos planos negativos.

"Encarnar en estos planos negativos no es fácil. Estás sujeto a esta 'escuela' sólo durante un tiempo en el esquema de la eternidad, pero sí tiene un efecto profundo en tu alma y en tu aprendizaje. Nuestro amor por ustedes lo convierte en una experiencia limitada en cuanto a lo que su concepto de 'tiempo' se refiere, puesto que al igual que quienes son padres aman a sus hijos y desean protegerlos,

Nosotros también. Sabemos que necesitan experimentar el lado desagradable del conocimiento para aprender de él, así como los padres tienen que ver cómo sus hijos experimentan dolor, se lastiman y cometen errores. Recuerda siempre que todo es transitorio y que regresarás a tu paraíso de Casa después de que vivas tu vida (o vidas) en la Tierra".

Nivel 7: Las entidades oscuras se manifiestan

Francine me ha dicho que "el séptimo nivel –y el siete es un número muy poderoso– es en el que vemos que algunas entidades se 'pierden'. Después de la encarnación, algunas entidades comienzan a negar su lado emocional o intelectual, sienten que están tan desarrolladas que no hay nada después de ellas".

En el siguiente capítulo hablo detalladamente de las entidades oscuras, pero ahora diré que todo el mundo tiene la opción de ser una entidad oscura, gris o de luz. Y el Génesis 6:5 dice: "Al ver el Señor que crecía en la tierra la maldad del hombre y que todos sus proyectos tendían siempre al mal (...)".

El punto de vista de Dios: "Hay un aspecto oscuro que reside en la creación, al cual tu Madre y Yo le permitimos que se manifieste y se desarrolle. No obstante, Nosotros no lo creamos. Nuestras creaciones lo crearon con el libre albedrío que les dimos. Tenemos conocimiento del mal, pero eso no Nos hace malos. Es lo mismo que cuando sabes disparar un arma y que puede matar, eso no te convierte en un asesino. Date cuenta de que el mal y la negatividad sólo radican en la irrealidad de las dimensiones transitorias, la realidad verdadera de la vida eterna es un paraíso... el Otro Lado que Nosotros creamos para ustedes.

"El mal y la negatividad son partes del conocimiento que debes aprender para perfeccionar tu alma. No sólo descubres cómo luchar contra el mal, sino a sobrevivir viviendo en él. Te da una perspectiva diferente del conocimiento y de cómo puede ser manipulado. Es necesario en tu 'curriculum' de conocimiento... casi como una materia obligatoria para graduarte en la universidad. Cuando ya no sea necesario, lo reabsorberemos puesto que habrá cumplido con su propósito".

NIVEL 8: OBTENIENDO CONCIENCIA DE NUESTRAS IDENTIDADES

Este nivel se trata de darnos cuenta de nuestra identidad, de que estamos compuestos por intelecto y emoción. La única identificación verdadera no radica en el comportamiento social, sino en el hecho de que somos parte directa del intelecto de Dios (experimentando a través de nuestra bendita Dios Madre).

Ésta es la identidad que debemos conocer puesto que todo en la vida pasa, excepto el amor que sentimos unos por otros, es algo que tenemos y que nos sustenta. Las cosas que poseemos se vuelven viejas o se gastan, así que la manera en que nos identificamos sólo puede partir del amor que tenemos por Dios y por los demás, y de saber por qué estamos aquí. Cada uno de nosotros es Dios... debemos serlo. Al igual que nuestros hijos son producto nuestro, nosotros somos producto de Dios. Ésa es la mejor identidad que podemos tener.

En realidad, en el Génesis no hay nada que haga referencia a volverse consciente de uno mismo. Aunque hay algunas analogías que señalan un propósito de renovación y de ser: Dios destruye a todas las cosas vivientes a través del gran diluvio, excepto a Noé, su familia y por lo menos dos (macho y hembra) de cada criatura de la Tierra; Noé y Dios establecen un nuevo convenio para la humanidad y acuerdos con Abraham y otros.

El punto de vista de Dios: "Para Nosotros siempre es un placer ver que Nuestras creaciones descubren cosas nuevas, en especial para definirse a sí mismas. Esencialmente estás celebrando un contrato con Nosotros para vivir y experimentar para Nosotros en tu proceso de aprendizaje. Este acuerdo te acerca a Nosotros, porque, aunque Nosotros nunca nos hemos alejado de ustedes, algunos sí se han alejado de Nosotros. A medida que tu alma progresa a través de la acumulación de conocimiento, aprendes más sobre tus Creadores y sobre ti mismo. Es un proceso gozoso que nunca termina y siempre está bañado de gracia".

NIVEL 9: UNA ENCRUCIJADA –¿SEGUIMOS ENCARNANDO?

Como explica Francine: "El noveno nivel es definitivo y muy importante porque, después de que has vivido muchas vidas (por lo general son como cinco) decides, justo entonces, si harás más o ya no. La numerología tiene una creencia antigua sobre el número nueve, se considera que es una espiritualidad grandiosa. La razón por la cual el número nueve es un número tan espiritual es porque en la novena fase es cuando el alma decide continuar por su propia espiritualidad.

"El noveno nivel es casi como una fianza o un nivel de salida. ¿Quieres seguir adelante? Por supuesto que no existe un estigma por salir. Muchas almas han dicho, 'Ya está, ya no quiero más'. Muchas almas se detienen a la quinta (o incluso segunda o tercera) en un planeta, pero deciden continuar y terminar el resto en otro. La gente es muy territorial y, por lo general, se acostumbra a un planeta, bueno o malo, de manera que continúan encarnando para perfeccionarse en él –pueden volverse casi víctimas por su apego–. No puedes culpar a nadie por quedarse porque se necesitarían 120 vidas en otro planeta para hacer lo que harías en tres aquí. De manera que es más común tener pocas existencias difíciles que cientos de fáciles".

En otras palabras, mientras más grande es el nivel de dolor –mientras más grande es el nivel de amor y experiencia– más rápida es la evolución. Si añadimos una gota de colorante rojo a un balde con agua, esa gota haría que el agua se pusiera ligeramente rosa, pero a medida que añadimos más gotas, el color se hace más intenso. De manera que cada vida es una gota en el "agua" de tu existencia. No hay nada malo en vivir pocas vidas, es más, Francine sólo tuvo una existencia en la Tierra. Me dijo que podemos encarnar aquí o trabajar en nuestra perfección al volvernos un espíritu guía. Me imagino que en retrospectiva, ¡Francine hubiera preferido vivir muchas vidas que ser mi guía! De hecho, una vez le pregunté si quisiera volver a ser el espíritu guía de alguien otra vez y me contestó que no. Con eso tienes una idea.

De nuevo, en la Biblia no existe un pasaje en específico que se relacione a la decisión de vivir muchas vidas, pero piensa en lo siguiente: Después del gran diluvio en el Génesis, se supone que no quedó nadie en la Tierra a excepción de Noé, sus tres hijos y sus familias. Y luego, en un tiempo relativamente corto, había cientos y cientos de personas habitando el planeta de nuevo, fundando grandes naciones y esparciéndose por todo el globo. Algunas veces la Biblia es tan ilógica, y éste es un gran ejemplo porque simplemente no tiene sentido que tanta gente habite un área tan grande en tan poco tiempo. Así como es ilógico que los hijos de Adán y Eva hayan encontrado esposas (¿de dónde las sacaron?) en otra tierra, también lo es la repoblación de la Tierra después del diluvio. Debemos considerar a la Biblia como una colección de historias que pueden explicar a una población básicamente analfabeta cómo sucedieron las cosas en la creación, y el libro del Génesis lo hace ampliamente.

El punto de vista de Dios: "A medida que se desarrolla la creación, también lo hace el conocimiento. Comenzaron a aprender el abecedario y ahora saben de ciencias abstractas que pueden aturdir. Al darte muchas vidas para vivir, tu Madre y Yo te damos la oportunidad de que aprendas lo más que puedas a través de la experiencia. Puedes leer algo en un libro, pero no habrás aprendido nada hasta que no lo hayas experimentado.

"Claro que es ilógico pensar que cada uno aprenderá todo lo que hay para aprender, pero te volverás parte de ese conocimiento general. En otras palabras, cada uno se volverá una parte del rompecabezas que forma todo el conocimiento. Algunas serán piezas más grandes que otras, depende de cuánto quieran aprender, pero quiero hacer un gran énfasis: Cada uno de ustedes es importante y único, y sin uno de ustedes, el rompecabezas no está completo.

"Las múltiples encarnaciones te dan la oportunidad de experimentar diferentes facetas de lo mismo. Por ejemplo, la muerte física, que les sucede a todos. Puedes irte a una vida pacíficamente mientras duermes o irte de manera violenta a otra. Puedes sobrevivir a la muerte de un infante en una vida y a la muerte de un hijo grande en otra. Cada uno vivirá diferentes aspectos del mismo tipo de experiencia... y entonces, conforme se reúnen sus chispas individuales, pueden afectar enormemente las posibilidades de cualquier evento.

"¿No te das cuenta de que las encarnaciones múltiples explican las injusticias de la vida? ¿Crees que Nosotros somos tan desalmados e insensibles que permitiríamos que alguien sufra mientras otros no? A través de las encarnaciones múltiples experimentas lo que quiere tu libre albedrío al aprender y ayudar a otros a que aprendan también. Cada uno tiene la oportunidad de ser rico o pobre, de morir pronto o de vivir mucho tiempo, de ser sano o enfermizo, etcétera. Tu ser individual es el que elige lo que quieres experimentar, Nosotros no tenemos nada qué ver.

"A medida que el aprendizaje que acumulas hace que tu alma progrese, por lo general decides que tus experiencias sean más difíciles. Así como en la escuela tienes que aprender materias cada vez más complicadas conforme avanzas en tu proceso de educación, lo mismo sucede para tu alma en la Tierra. Sabemos que es difícil, pero debes darte cuenta de que eres tú quien elige hacerlo por amor a Nosotros. A cambio, Nosotros te amamos infinitamente y te damos gracia... y muchos de ustedes que están vivos no se dan cuenta de ello. Sólo lo hacen cuando llegan a Casa. Ahí sentirán Nuestro amor en toda su gloria y conocerán la felicidad del Paraíso".

Nivel 10: Eligiendo cuánto nos abrimos al conocimiento

El décimo nivel es muy interesante puesto que elegimos cuánto conocimiento queremos. Sé que es verdad, creo que he andado por aquí mucho tiempo como para saberlo, algunas personas van por la vida a toda máquina. Claro que puedes chocar de vez en cuando, pero ¿no preferirías saber que viviste de verdad cuando llegues al final del camino?

El otro extremo sería como decir, "Bueno, vámonos a Egipto pero no vamos a salir de las habitaciones del hotel". De hecho, sí me llevé a un grupo a Egipto y hubo personas que lo hicieron. Me dieron ganas de decirles, "Los traje desde un continente muy lejano y ahora ¿se van a quedar en sus cuartos?" Y eso es justo lo que hacen muchas personas en la vida. Llegan a su cuerpo, pero no salen a vivir experiencias. Dicen, "¡Ay pero si tengo miedo! ¿Qué tal que me cambio de trabajo o de casa y no funciona? ¿Qué tal que no me va bien si me caso?" ¡¿Y qué?! Si no te arriesgas, no experimentas nada.

La gente dice, "¿Y si me muero?" Bueno, eso es algo que va a pasarnos a todos. Podemos quedarnos sentados en nuestra casa y el techo entero puede venírsenos encima. Así que es mejor que, cuando estemos en el lecho de muerte, digamos, "¡Lo intenté todo! Tomé todas las oportunidades que se me presentaron". En lo personal, ése es el conocimiento por el que vine, quiero que mi alma se expanda.

¿Conoces la oración cristiana que dice "Proclama mi alma la grandeza del Señor"? Y ¿cómo crees tú que tu alma se engrandece? ¿Cómo piensas que tu copa se desborda? ¡Sólo si experimentas! Y no te quejes; no hay nada más desagradable que caminar con gente que se queja, "No quiero hacer esto, y eso no me gusta" Es una pesadilla, ¿verdad?

Francine dice, "Vemos a mucha gente que llega a un punto en el que ya hizo todas las cosas técnicas y maravillosas que tenía que hacer. Ya sea que fuera abogado, comerciante o sastre, en algún punto se agotó terriblemente. La razón es que estaba en un nivel de perfección tan alto –el décimo nivel– que se dio cuenta de que estaba muy abierta y debía cerrarse. No obstante, esto puede evitarse al estar en un lugar de espiritualidad, cualquiera que funcione para ti".

No citaré ningún capítulo de la Biblia puesto que necesitaría mucho espacio, pero puedes considerar la historia de Sodoma y Gomorra (Génesis 18:16-33, 19:1-29) como una historia que presenta la diferencia entre almas desarrolladas y subdesarrolladas. También me parece interesante que Abraham negocia con Dios en un intento por evitar la destrucción de dos ciudades porque puede haber gente habitándolas, es decir, Lot y su familia. Como probablemente sabes, escapan de las ciudades cuando están siendo destruidas por Dios y la esposa de Lot voltea hacia atrás –aunque los ángeles de Dios les dijeron que no lo hicieran– y se convierte en un pilar de sal. La tragedia es que, de nuevo, Dios es representado como un ser vengativo, colérico y destructivo. ¿Por qué la humanidad le atribuye sus defectos a Él? Este "libro sagrado" está lleno de innumerables situaciones así. ¡Qué vergüenza!

El punto de vista de Dios: "Al darte libre albedrío, Dios Madre y Yo te permitimos elegir si quieres desarrollarte más o no. Amamos a nuestras creaciones sin importar sus elecciones y permitimos que las que no están desarrolladas, e incluso las que se han vuelto oscuras, se mezclen en la Tierra con las almas evolucionadas. La Tierra es el único plano en el que se permite que el mal coexista con el bien y hay una razón para ello. El temporal plano terrenal es una escuela para aprender sobre la negatividad, que es parte del conocimiento. En Nuestro amor por la creación y por Nuestros hijos, permitimos que el mal y la negatividad existan para ese propósito y ningún otro.

"Los términos desarrollado y subdesarrollado son inadecuados puesto que Nosotros nos referimos sólo a diferentes niveles de conocimiento obtenidos por entidades individuales. ¿Amaríamos menos a alguien que estudió secundaria que a quien estudió la universidad? Por lo general, ustedes hablan en términos de logros y les dan demasiada importancia. Claro que tan sólo están siendo humanos y no son capaces de ver todo el concepto. Algunos de Nuestros hijos fueron creados con mayor conocimiento para dar sabiduría y ayuda a los demás, pero el hecho de que los hayamos creado así no los hace mejores. Ellos no tuvieron nada qué ver en eso, Nosotros sí. Para que exista el orden, es necesario que existan ciertas cosas para mantenerlo, y estas entidades creadas ayudan a mantenerlo. ¿Qué si las amamos? Claro que sí... igual que a todas las demás".

NIVEL 11: EL VIAJE A CASA

Este nivel marca el final del ciclo de la vida humana como la conocemos. Nos vamos a Casa... y ¿no es algo maravilloso? De vez en cuando, conocemos a alguien en la Tierra y sentimos una conexión con esa persona –sabemos que existe una razón preestablecida para que nos encontremos en ese breve momento, y tenemos la sensación de estar en Casa. Así se siente cuando te vas al Otro Lado –euforia pura–, como si fueras capaz de conquistar al mundo. Nada volverá a ser tan malo como a lo que acabamos de enfrentarnos y podremos seguir amando a Dios y seguir siendo guerreros para Él. Viviremos nuestro tiempo en la Tierra, veremos los alrededores, y entonces nos iremos a Casa.

El Antiguo Testamento, que incluye al Génesis, no hace referencia al cielo o al Otro Lado, excepto con el término el reino de Dios. Debes recordar que esta parte de la Biblia es básicamente de naturaleza judaica, por ello prácticamente no existen las referencias al paraíso. Estos individuos se preocupaban más por continuar su linaje de dinastías a través de sus descendientes hasta el "día del juicio final". No obstante, Cristo hace numerosas referencias al paraíso en el Nuevo Testamento. La siguiente es una de mis favoritas: Mateo 19:13-15 –"Entonces le presentaron unos niños para que les impusiera las manos y orase. Los discípulos les regañaban, pero Jesús dijo: 'Dejad a los niños y no les impidáis que vengan a mí, porque de los que son como ellos es el reino de los cielos'. Después de imponerles las manos se marchó de ahí".

El punto de vista de Dios: "Creer que tu única existencia es en la Tierra es ignorar toda la verdad que está para que la veas. ¿Crees que el bebito que muere sólo tiene unos cuántos momentos de vida? Si fuera así, ¿qué caso tendría? ¿Crees que Nuestra energía y nuestro sustento son tan huecos?

"Tu Madre y Yo hicimos la creación para que existiera, ¡no para que fuera destruida o terminada en un abrir y cerrar de ojos! Creamos una realidad que es un paraíso... y espera a todo aquel que no ha apartado los ojos. Nosotros nunca apartamos los ojos, pero tu libre albedrío te permite hacerlo. No tienes que temernos puesto que eso iría en contra de lo que somos: amor puro. No puedes temer a algo y amarlo al mismo tiempo, el miedo es una emoción negativa y el amor es una positiva.

"Aquellos a quienes se les dice que nos teman, ¡pónganse tapones en los oídos! Temernos no es el camino hacia Nosotros, ¡el amor sí! Ámense unos a otros y a sus Creadores, y su espiritualidad se manifestará. Dejar que entre el temor, o cualquier otra emoción negativa, es cerrar la puerta a la verdad y disminuir tu capacidad de llegar a la espiritualidad.

"Tu existencia está asegurada e incluso quienes se han alejado no serán destruidos, sino absorbidos. El esquema en el que te encuentras es uno en donde se aprende el conocimiento sobre la negatividad y el mal, pero no es la realidad permanente del Otro Lado, un lugar en el que no existe la negatividad y no se permite que exista el mal. ¿No creíste que habría un lugar para ti que fuera tu Casa? ¿Creíste que Nuestro amor por ustedes no prepararía una Casa hermosa, llena de paz y gozo y felicidad? No olvides que los amamos a todos y que hay un lugar para que residan en el que Nuestro amor los rodeará siempre".

NIVEL 12: RESUMIENDO LA VIDA EN EL OTRO LADO

El conocimiento nos ayuda a lo largo del camino a la iluminación. ¿Sabes qué significaba iluminación para Siddhartha Gautama, Buda? ¡Conocimiento! No me refiero a sentarse con las piernas cruzadas en un rincón y cantando;

me refiero a leer, estudiar, aprender, pensar y razonar. Y en Lucas 11:9, nuestro Señor dijo: "Pues yo os digo: Pedid y recibiréis; buscad y encontraréis; llamad y os abrirán".

La mayoría de los "libros sagrados" del mundo se escribieron hace muchos años y se dirigían a gente sin educación. Otra vez, la Biblia no contiene pasajes que se refieran a la premisa de ir a Casa, y lo mismo pasa con cualquier libro sagrado. A veces me pregunto por qué la religión no actualiza sus enseñanzas, como lo hace la ciencia. En un momento creían que la Tierra era plana, pero lo corrigieron cuando se descubrió la verdad. ¿Por qué la religión no hace lo mismo? ¿Es por tradición? ¿Por miedo? ¿Por control? Sí, es por todo ello y más. Sus líderes están tan cómodos en sus nichos de riqueza y control que prefieren no agitar las aguas. ni matar a la gallina de los huevos de oro.

Debemos creer que tuvimos profetas y mensajeros durante cientos de años, y ¿de repente se terminaron? Pues no, no se terminaron... y el número de librepensadores crece cada día porque el dogma ya no es capaz de darnos las respuestas que buscamos. Por ello es que escribo, doy conferencias y enseño (y muchos otros también). La verdad es la verdad y saldrá a la luz a pesar de todas las artimañas de las religiones para ocultarla.

Como explico detalladamente en el Capítulo 19, creo que algunas partes de la religión son hermosas y maravillosas, y te pido que uses tu mente y pienses. No tienes que creer todo lo que cualquiera te diga; decide y elige lo que te haga sentir cómodo y elimina el resto... haz lo mismo con mis escritos. No me sentiré ofendida, ni tampoco voy a maldecirte, ni a dejar de amarte por eso. ¿Por qué Dios haría menos?

El punto de vista de Dios: "Cuando decides no encarnar de nuevo, de manera natural quieres volver a la Casa que te espera. Cada planeta poblado del universo tiene su propio Otro Lado, de manera que emigras al del planeta en el que vives. Si eliges la Tierra como el planeta para habitar, que sepas que, en el esquema final de la creación, todos los Otro Lados de los planetas se fusionarán en una dimensión de belleza, armonía, paz y felicidad".

CAPÍTULO 18

LAS ENTIDADES OSCURAS EXPLICADAS DE UNA VEZ POR TODAS

L legó el momento de hablar de una de las cosas sobre la que me preguntan con mayor frecuencia: el papel de las entidades oscuras en la creación. Para nuestra mente finita es difícil de comprender, pero digamos que en el principio, Dios creó a algunas almas con mayor conocimiento que otras para que ayudaran al resto. Este grupo de entidades comprende a los miembros del Concejo, a los viajeros místicos y a las entidades con propósito de vida. Por otro lado, el resto recibió una pequeña cantidad de conocimiento para que evolucionara a su propio ritmo. Gracias a nuestro libre albedrío somos capaces de obtener el nivel de desarrollo individual que elijamos para nosotros mismos.

Sólo Dios sabe exactamente cómo comenzaron a existir la negatividad y el mal, pero tengo una idea de cómo fue, y Francine está de acuerdo. (Al final de este capítulo presento su punto de vista sobre el tema, con sus propias palabras). Como explicamos en el capítulo anterior, la negatividad es una parte del conocimiento total y, como tal, tenía que existir en algún momento u otro para que las entidades creadas aprendieran sobre ello y evolucionaran. En otras palabras, Dios sabía que el mal sería incitado por aquellos que tenían libre albedrío... lo que quiere decir, nosotros.

En realidad no tiene importancia el hecho de que la negatividad comenzara cuando todavía éramos cuerpos de luz o que esperara a que hubiéramos obtenido nuestros cuerpos. El punto es que, gracias a la combinación de la estructura emocional y el libre albedrío, algunas entidades permitieron que sus egos sobrepasaran a sus intelectos, lo cual ocasionó que se separaran de Dios.

Este alejamiento causó que las entidades se volvieran oscuras. Movidas por el ego y por las visiones de grandeza, optaron por ganar poder de la manera que pudieran. Querían manejar sus propios destinos, consideraban que eran tan buenas como, o incluso mejores que, sus Creadores. La ironía es que cada quien rige su destino y no es necesario volverse malo o negativo para hacerlo. Junto con el poder vienen la corrupción y la gratificación del ego; en consecuencia, comenzaron a ocurrir actos de crueldad e intimidación entre los habitantes de los primeros planetas, ya sea que estas entidades que decidieron separase de Dios los hayan incitado o realizado. Era su forma de obtener poder y de aferrarse a él.

Es interesante que las entidades oscuras crearan su propia especie de realidad. Así como en el Otro Lado nosotros podemos crear cosas a partir de nuestro pensamiento (como edificios o casas), las entidades oscuras crearon un lugar de residencia para su jerarquía. Por lo general reencarnan en los planetas que suelen utilizar como base, por decirlo de alguna manera, y también crearon una dimensión alternativa para que sus líderes vivieran. Lo llaman 'Noir', que significa 'oscuro' o 'negro' y casi es como su respuesta a la creación de Dios del Otro Lado. Noir es un planeta singular que no tiene la magnificencia, ni la belleza del Otro Lado –de hecho, tengo entendido que es lúgubre–. Sabemos muy poco acerca de él, y obviamente nadie quiere ir, pero me han dicho que al final también será absorbido.

Además, la mayoría de las entidades oscuras es primitiva en naturaleza. No me refiero a que no tengan inteligencia, sino a que actúan impulsadas por sus emociones básicas de lujuria, poder, corrupción, crueldad y similares, y crean todo el alboroto que pueden. Esencialmente, han involucionado hasta ser entidades caóticas que manifiestan negatividad y maldad en sus acciones por conquistar a Dios y a Sus creaciones.

Es fácil distinguir a la mayoría de las entidades oscuras puesto que viven para sí mismas y para su propia complacencia. Todo se trata de ellas y los demás pueden irse al demonio. Pero en algunos casos puede ser difícil reconocerlas. Se esconden detrás de una cortina de humo (por lo general en el ámbito religioso o político) y se disfrazan de líderes o individuos con gran sabiduría... y proceden a instigar el odio, la intolerancia y los prejuicios en aquellos que los escuchan. Son los más grandes hipócritas y sus "enseñanzas" sólo sirven para esparcir sus mentiras en el mundo.

Las entidades oscuras pueden ser muy astutas en cuanto a que mantienen una máscara falsa que se manifiesta en una personalidad agradable o un carisma que insita a que los demás las sigan. Piensa en Adolfo Hitler, Jim Jones u Osama Bin Laden; personas que fueron capaces de seducir a sus seguidores para que realizaran actos de crueldad y maldad para la gratificación de su propio ego, con el uso de una agenda política o religiosa para sus propios fines. Las entidades oscuras pueden presentarse en cualquier forma, color y género: pueden ser obvios o sutiles, crueles o aparentemente amables, estúpidos o aparentemente inteligentes, egoístas o aparentemente magnánimos. En otras palabras, pueden ser lobos disfrazados de corderos, pero no pueden ser espirituales como las entidades blancas. Tampoco pueden o quieren amar a Dios, aunque muchos utilizan esa fachada.

Las entidades oscuras pueden lastimarte físicamente cuando estás encarnado, como a través del abuso conyugal o infantil. Por ejemplo, mi propia madre casi me quema el pie cuando le echó agua hirviendo. Recuerdo que trataba de mantenerme en un solo pie y gritaba. Estoy segura de que hubiera continuado a no ser porque Dios quiso (o mi plan lo incluía), que apareciera mi tío. Ahora recuerdo a mi madre sin rencor y sé que era oscura y sociópata –y era incapaz de amar.

No obstante, el fuerte de las entidades oscuras es atacar síquicamente en tus emociones. De hecho, el ataque síquico es una de las razones principales de la existencia de tanta enfermedad y depresión en el mundo. No me refiero a que puedan poseerte, ni nada por el estilo, sino que su energía combinada con la negatividad del plano de la Tierra, está detrás de gran parte de la ansiedad y desesperación de la humanidad. Y no olvides que las negativas no pueden lastimar tu alma y que Dios ama a todas sus creaciones… incluso a las entidades oscuras.

Ahora voy a hablar del fenómeno llamado "diablo". También conocido como "Satanás" o "Lucifer", el diablo fue inventado por la humanidad para mantener controlada a la gente por medio de la religión. Quizá el concepto de Lucifer provenga de la jerarquía que tienen las entidades oscuras. Aquellas que rigen la oscuridad son inteligentes, atrayentes en apariencia y muy astutas.

Es interesante que etimológicamente, Lucifer significa "luz" más "portar", que se traduce como "portar luz", "luz que portar" o "portador de luz". Todos fuimos creados con la luz de Dios en nuestro interior, de manera que en esencia todos somos "seres de luz".

Claro que nombrar "Lucifer" al líder de la oscuridad es de lo más irónico; no obstante, la actitud de las entidades negativas es que son mejores que Dios, de manera que piensan que ellas son los verdaderos seres de luz. Hemos leído que Lucifer era un ángel de luz que cayó y Dios lo condenó al infierno con todos sus súbditos. De nuevo, es sólo una analogía para explicar por qué las entidades oscuras se separaron de Dios. Y lo interesante es que el diablo en realidad no es una creación de Dios, sino una construcción del pensamiento de la humanidad.

En tiempos pasados, los malos espíritus eran culpados de todas las cosas negativas, incluso de las enfermedades. Se suponía que los demonios entraban al cuerpo y lo enfermaban, de ahí surgió la antigua creencia y práctica de sangrar... se suponía que se deshacía de los "malos humores" que provocaban la enfermedad. Conforme las diferentes culturas adquirieron creencias unas de otras (como sucedía en tiempos antiguos cuando los imperios conquistaban a otras culturas), cambiaron dichas ideas.

Un demonio se convirtió en el malvado Jinn, que volvió a ser demonio y así terminamos con un demonio, o como lo expresa la Biblia, un "adversario". Las iglesias comenzaron a sacar provecho del miedo al demonio, que en realidad sólo simbolizaba la negatividad en la Biblia, así como la mala suerte que la gente experimentaba. Pero, y debo resaltarlo, así como no existe el infierno (a excepción de la vida en este planeta) no existe el demonio. ¡Punto!

Preguntas y respuestas con Francine

Las siguientes son preguntas sobre las entidades oscuras que Francine ha respondido. (La mayor parte de este material ha sido adaptado de mi libro *God, Creation and Tools for Life*).

P: En la creación, ¿todos fueron creados como entidades blancas?

R: Sí, en la mente de Dios. Cuando Sus formas de pensamiento se volvieron carne para experimentar para Él, cada una tomó la decisión de ser blanca u oscura en ese preciso momento.

No es que las entidades sólo hayan negado a Dios, puesto que hemos visto ateos que son entidades blancas. Y quizá te preguntes, "¿Cómo puede una entidad blanca ser atea?" Bueno, un ateo no tiende a seguir un dogma religioso, pero es raro que encuentres uno que no crea en algo. Por desgracia, su "dios", sólo es el poder, el dinero o él mismo.

Hay entidades que se vuelven oscuras o de luz y nunca cambian. Aunque algunas no pueden decidir y las llamamos "entidades grises". No sabían si ser blancas u oscuras, así que no eligieron ninguna. Ser gris les permite estar en ambos lados de la cancha... pueden ser un poquito malas y un poquito buenas. Quizá pienses, "Bueno, todos somos así". En realidad no, son más destructivas. Cuando dices, "¿Por qué fue buena casi todo el tiempo, pero de repente hizo esta barbaridad?" estás describiendo a la perfección a una entidad gris.

P: ¿Cuál es la naturaleza de las entidades grises?

R: Por lo general las incluimos con las oscuras. De hecho, creo que prefiero a las oscuras más que a las grises porque me preocupan los que están en ambos lados de la cancha. Con las entidades oscuras por lo menos estás avisado, casi desde el primer contacto, de que son malas. No debes tomar ninguna decisión sobre lo que vas a hacer –retrocedes, se te eriza el vello y sientes una total repulsión–. Las entidades grises tienen una forma persuasiva, casi seductora y maníaca de acercarte a ellas, pues son embaucadoras, hipócritas y engañosas. Con las oscuras, casi admiras su dedicación puesto que están completamente comprometidas con ellas mismas. Pero con las grises nunca sabes dónde estás parado puesto que ellas tampoco lo saben. Así que son más aterradoras. La parte fea de esto es que más grises se vuelven negras que blancas.

P: ¿Qué porcentaje de entidades oscuras, grises y blancas hay en la Tierra?

R: Como un 70 por ciento de grises y oscuras y un 30 de blancas.

P: ¿Ser una entidad oscura es irreversible?

R: Sí, es una decisión irrevocable, aunque las más preocupantes son las grises, pues pueden ser encantadoras y astutas puesto que son indescifrables. No hay forma de saber qué decisión tomarán en un momento determinado y no puedes adivinar sus movimientos. Las oscuras son más fáciles de seguir porque se les permite volver a la vida después de la vida.

P: ¿Existen entidades oscuras en otros planetas?

R: Sí, pero no como en la Tierra, puesto que la mayoría de las entidades decidieron que este planeta era el mejor para perfeccionar ciertos temas. En otras palabras, si quisieras ser actor irías a un centro especializado en estudios artísticos, mientras que para saber de leyes irías a la universidad de más prestigio en leyes. Irías a los mejores lugares si quisieras perfeccionarte en algo, y las entidades blancas abarcan más de lo que pueden apretar. Mira, lo terrible de este planeta es que es muy difícil de planear, de manera individual y colectiva. Por ejemplo, digamos que vas a ir al Amazonas y te vacunas contra varios virus de la selva. Y ya que estás ahí descubres que las vacunas que te pusiste no te sirven de nada porque los virus mutaron y no hay cura. Así es la Tierra.

Cuando viniste te dijeron específicamente que todo es posible, pues ningún planeta con tantas entidades oscuras puede ser planeado. En el Otro Lado sabíamos que podíamos ayudarte de alguna manera –podemos tratar de darte un empujoncito– pero es un planeta tan negativo y las almas oscuras juegan bajo sus propias reglas.

P: ¿Las entidades oscuras tienen su propio Otro Lado?

R: No, como Sylvia mencionó antes, tienen un lugar de residencia para su jerarquía, pero la mayoría encarna de manera inmediata en la Tierra. Aunque es extraño porque parece que su residencia se creó después de que se creara todo. Algunos teólogos del Otro Lado han dicho que siempre ha existido sólo que estaba inhabitado. Pero yo creo que si siempre ha estado ahí, deben haber sabido que alguien terminaría viviendo ahí.

P: ¿Las entidades oscuras son un error en el pensamiento de Dios?

R: En todos los procesos de pensamiento existe esa posibilidad y ciertamente no estoy cuestionando a Dios porque soy muy devota de Dios Madre y Padre, y el pensamiento de Dios encierra todo lo que la humanidad ha pensado y podrá pensar, y mucho más. Así que si es verdad, tendría que haber pensamientos oscuros. Igual que en tu propio subconsciente, dentro de Dios radica una oscuridad que no fue creada por Él. No te preocupes jamás por ello... sí hay una antítesis de Él representada por las entidades oscuras, parecido a una célula de cáncer.

Mi intención jamás es que pienses que nuestro Creador ha hecho algo de manera accidental... y sé de hecho que Dios permitió o puso en movimiento a las entidades oscuras para que fueran una antítesis de nosotros.

P: ¿Cuál es el propósito de las entidades oscuras?

R: Que todos obtengan experiencia. Si no existieran las almas grises u oscuras en este planeta, no tendrías nada de qué alejarte.

¿Por qué alguien como Ted Bundy, que parecía bueno, se vuelve un asesino en serie? Podría haber sido tu compañero de escuela y parecía una persona educada, buena. Pues, el alma decide desde el principio y todo el mal surge de la avaricia o de los celos. Las entidades oscuras no pueden esperar a venir a la vida porque aquí obtienen riqueza, belleza, glamour y cualquier cosa que desean sus egos descontrolados. Y esto no significa que cualquiera que tenga riqueza, belleza o glamour sea una entidad negativa: algunas sienten que es mejor ser "de los primeros" en el lado equivocado que alguien del montón en el lado correcto. Y no se dan cuenta de que, en el panorama completo, a la larga su pequeña luz hubiera sido más brillante y más poderosa.

P: ¿Las entidades oscuras temen perder su identidad?

R: No, ni las grises ni las oscuras piensan en ello. Las entidades blancas se sienten así porque han peleado contra ejércitos de oscuras para volverse partes individuales de Dios. Lo cual es glorioso en sí mismo. Pero las oscuras son todas parecidas... y no les importa.

P: ¿Existen los "ángeles oscuros"?

R: No, no existen. Sin embargo, la residencia oscura está en una dimensión separada y en un nivel de vibración mucho más bajo. Los espíritus guía los vemos a ustedes muy bien, pero casi no podemos distinguirlos a ellos. Por eso, a veces es tan difícil protegerlos de ellos –su vibración es tan lenta que casi no podemos verlos–. Los observamos a ustedes cuidadosamente y notamos si reaccionan de manera que puedan ser atacados y entonces comienza nuestra protección. Por eso es que a veces se molestan y nos preguntan, "¿Por qué no llegaste antes? ¿Por qué tuve que sufrir esta depresión, esta prueba, esta ansiedad?" ¡Es porque casi no podemos verlos!

P: ¿Las entidades oscuras tienen espíritus guía?

R: No, sólo son un conglomerado. Mientras que ustedes tienen un espíritu guía individual con un nombre, un propósito y un estatus, ellas no. Las entidades oscuras tienen reciprocidad de su jerarquía, pero no tienen un alma especialmente asignada que quiera protegerlas. Son un grupo mezclado que permanece como figuras observadoras y la mejor frase para describirlas es "secuaces síquicos". Sólo están aquí con propósitos de destrucción, es todo.

P: ¿Y las entidades grises tienen espíritus guía?

R: Sí, pero si se vuelven oscuras, el guía se retira de inmediato. Un espíritu guía puede intentar que una gris se vuelva blanca, pero en el momento en que se vuelve oscura, el guía se va. Una gris puede elegir a su guía. Yo nunca he sido guía de una entidad gris, pero conozco algunas entidades que lo son y hablan mucho conmigo de ello. Me he mezclado con ellos para entender cómo se sienten al respecto y es desesperanzador.

Las entidades grises no se quedan en el Otro Lado. Van a un "lugar de espera" y tienen algo de interacción con el Otro Lado, pero no se les permite vivir ahí. Se quedan en el lugar de espera porque no han hecho un compromiso para volverse entidades blancas, por lo tanto, no se les permite vivir en nuestra Casa.

P: ¿Las entidades grises reciben guía del Otro Lado?

R: Sí. Sí les aconsejan y, como dije antes, pueden elegir a un espíritu guía para ellas. Cuando están en el lugar de espera, las visitan consejeros especiales del Otro Lado puesto que una entidad gris puede volverse blanca (aunque la gran mayoría no lo hace).

P: ¿Siempre existirán las entidades oscuras?

R: Siempre, siempre y cuando alguien encarne. No obstante, cuando el esquema termine, dentro de siglos y siglos de ahora, ya no será necesario que existan. Estoy segura de que ese conocimiento está sólo dentro de la mente de Dios en relación a cuánto quiere Él perfeccionar a Sus entidades. Cada vez que los guías preguntamos se nos dice que falta mucho, mucho tiempo, y faltan también muchas entidades por evolucionar.

P: Francine, ¿cómo podemos arreglárnoslas en estos tiempos tan caóticos?

R: Asegúrense de estar en contacto con su propia espiritualidad al ser parte de un grupo. Sin un hilo dorado interno no podrás sentirte completamente bien. Por eso es que, eventualmente, todos deben formar parte de la comunidad viviente —así debe ser.

Para fortalecer tu espiritualidad puedes meditar, hacer visualizaciones y ver la luz del Espíritu Santo alrededor de ti. Date tiempo para rezar, para dar y para amar a los demás y estarás bien.

CAPÍTULO 19

DOGMA Y RELIGIÓN FRENTE A ESPIRITUALIDAD

Aunque se trate de los niveles del Otro Lado, del inframundo, de la vida en la Tierra o del alma, todo señala al magnífico orden de Dios en el universo. Durante cientos de años, la humanidad ha probado y tocado a la teología, aunque la mayor parte de la lógica siempre ha estado ante nuestros ojos disfrazado de dogma o irracional.

Por desgracia, en el plano terrenal nos han enseñado que Dios, Jesús, Buda o Mahoma eran inaccesibles para nosotros... y me parece que es un gran acto de crueldad ante la humanidad. Esta supuesta inaccesibilidad ha hecho que nuestro Creador se lleve la responsabilidad de la tristeza de nuestras vidas o que parezca ausente y que no le importe. Esto dio como resultado que todos se sintieran abandonados, y en algún punto, algunos pensaron que "Dios estaba muerto". Y nada está más lejos de la verdad.

Aunque no aceptes parte (o todo) de lo que he presentado en este libro, es un derecho que Dios te dio. No obstante, estoy segura de que mientras más espiritual aspires a ser y mientras más busques, te encontrarás con muchas de estas verdades, como me ha pasado a mí. Créeme, si estudiamos y entendemos más sobre nuestros amorosos Dios Padre y Madre, la vida se hace mucho más sencilla. Cuando somos capaces de comprender que incluso en el sufrimiento y el dolor de nuestra vida, nuestros benéficos Padres siempre están presentes, nunca titubean y siempre están en un estado de constancia, amor y protección.

Saber que existe la luz al final del túnel –el viaje de regreso a Casa– facilita en gran medida nuestras vidas aquí abajo en este infierno. Con suerte hemos aprendido bien nuestras lecciones y no tendremos que volver a la Tierra a repetir esto. Algunas personas quizá lo deseen, pero en estos últimos veinte años he visto más gente en sus últimas vidas que las que pude ver en mis primeros 30 años de lecturas.

¿Sabes? Cuando comencé a cuestionar y a investigar, algunas veces me sentía sorprendida… y no sólo por la información que encontraba, sino por lo lógica que era. Debes saber que la mayoría de mis ministros y muchos de mis compañeros gnósticos creyentes han formado parte de este conocimiento durante muchos años, pero lo dimos a conocer cuando llegó el momento adecuado. No quiero quitar mérito a ningún libro como *El enigma sagrado* (*Holy Blood, Holy Grail*) o al *Código DaVinci* (los cuales revelan algunas verdades que habían permanecido ocultas y alejadas del público durante muchos años), pero hemos tenido ese conocimiento durante un tiempo considerable. No sólo fue entregado por medio de canalizaciones, pero a medida que pasaron los años comenzamos a ver que otros habían descubierto a Dios Madre, a María Magdalena, los Pergaminos del Mar Muerto, los manuscritos de Nag Hammadi y varios textos en sánscrito. En el tiempo de Dios, todas las cosas saldrán a la luz.

En este capítulo quiero analizar nuestro mundo de manera racional y descubrir lo que la espiritualidad puede añadirle, y discutir sobre el daño que le han hecho las filosofías dogmáticas y políticas.

BUSCANDO RESPUESTAS...

Quienes estamos en el camino de la espiritualidad, lo hacemos porque la religión no ha sido capaz de darnos las respuestas que buscamos. Observamos al mundo –con su diversidad de razas, culturas, creencias y sistemas políticos– y pensamos, ¡Qué desastre! Yo he tenido la suerte de viajar mucho por diferentes países y de conocer gente de casi todas las culturas y razas. ¿Sabes qué he descubierto? En la mayoría de los casos he encontrado gente hermosa y maravillosa que es amistosa, cooperadora, cariñosa y dispuesta a complacerme (al visitante) en lo que pueda. ¿Entonces qué demonios está pasando?

Siento que casi toda la raza humana se siente perdida en muchos sentidos, y debido a ello, es susceptible a las influencias que parecen tener más conocimiento y poder que ellas mismas. Por ello, las agendas políticas de los países han tenido prioridad sobre el bien de sus ciudadanos, y la religión practicada no ha sido desplazada de su postura dogmática desde hace siglos. Con razón la gente se siente perdida; no obtiene las respuestas a todas las preguntas que surgen continuamente a su alrededor, así que caen en una espiral sin remedio de apatía mental.

La mayoría de los individuos se familiarizan con las preocupaciones de sus amigos y de los miembros de sus familias, pero no tienen idea de qué hacer ante los problemas a mayor escala. Entonces ponen su confianza en los gobernantes, a quienes les encanta esto, puesto que están conscientes de que la mayoría estará de acuerdo con cualquier cosa que digan. Podemos ver algunas revoluciones o levantamientos ocasionales de grupos con cierta causa, capaces de cambiar la actitud del gobierno (como cuando algunos grupos protestaron a favor de los derechos humanos o en contra de la guerra de Vietnam, en los años sesenta), pero por lo general, el cambio es difícil. Y cuando sí se da el cambio, el resultado es el movimiento de un gobierno a otro... que de inmediato comienza a dictar su propia agenda.

Pensarás que la gente puede recurrir a su fe para que le dé consuelo en tiempos difíciles, pero también es como un callejón sin salida. Mira, la religión hace lo mejor para ella y coopera con los gobiernos, así que no va a poner en riesgo su apoyo de poder y estatus, agitando las aguas y cambiando las estructuras dogmáticas que han servido para sus propósitos durante siglos. Un ejemplo importante de ello es la cooperación de las iglesias con el régimen nazi y ciertos sistemas de fe que no se oponen a las facciones radicales que apoyan al terrorismo y la violencia.

En años recientes, la religión en general se ha vuelto más política, se ha involucrado más que nunca en los asuntos de las naciones. También está dividida internamente hasta el punto en que es incapaz de adaptarse a las necesidades cambiantes de sus seguidores. En estos tiempos, mantener el dogma es más importante para la fe religiosa que modificar lo que ha quedado obsoleto o que es dañino para otros. Parece que mantener una religión e intentar que crezca es más importante que la misma fe. Esto es como escupir a Dios en la cara y decirle, "Necesito más seguidores que me dejen más dinero para sustentar mi iglesia y que crezca. Enseñar acerca de Ti y ayudar a quienes lo necesitan queda fuera de mi lista de prioridades".

Creo que estoy manifestando mi enojo porque de verdad siento que la religión ha fracasado en ayudar a la gente a salir de la oscuridad... y en algunos casos, ha aportado oscuridad a las cosas. Muchas veces me confrontan diciéndome, "Sylvia, durante años he buscado paz y consuelo en mi religión, pero parece que ya no le importa", "Sylvia, mi fe dice que ame a los demás y al mismo tiempo apoya al terrorismo y a lastimar a la gente", "Sylvia, mi religión dice que debemos confesar nuestros pecados para expiarlos y sus líderes ocultan sus propios pecados y no los confiesan", "Sylvia, mi iglesia sigue a Cristo, quien nos enseñó a amarnos los unos a los otros y ser buenos con los demás, y luego dice que debemos condenar a ciertas personas y odiarlas" y "Sylvia, amo a Dios y creo que Él me ama, pero la religión dice que debo tener temor de Él o me castigará y me mandará al infierno". Y puedo seguir, pero creo que ya está claro. La gente está desilusionada por su religión y no entiende cómo es posible que su fe diga una cosa y luego haga exactamente lo contrario.

Si analizas la historia de ciertas religiones te darás cuenta de que han sido inconsistentes en sus acciones. Millones de personas han sido asesinadas en el nombre de Dios –y al parecer, serán más– ¡puesto que los asesinos supuestamente están realizando la obra de Dios! Cuánta hipocresía. Elijan el bando de Dios, ¡oh!, religiones de la humanidad... sean valientes y peleen contra el mal y la negatividad, en lugar de aceptarlos a su conveniencia al perpetuarlas con intolerancia, odio, escándalos, asesinatos y caos. Excusan el caos en este mundo al no manifestarse en su contra.

Quienes somos espirituales estamos huyendo de ustedes puesto que no nos proporcionan paz y apoyan el mal y la negatividad que dicen condenar. Detengan la matanza... dejen de encubrir sus escándalos internos y, si es necesario, cambien su estructura interna para hacerlo... detengan la violación de los derechos humanos... dejen de predicar la intolerancia y el odio... dejen de sermonear el temor a Dios y enseñen el amor por Él... dejen de usar su dinero para construir catedrales excedidas, iglesias, mezquitas, templos y demás, y utilicen ese dinero para ayudar a los pobres y a quienes lo necesitan... dejen de meterse en ámbitos políticos para satisfacer sus intereses... dejen de predicar que vamos a irnos al infierno... ¡dejen de ser hipócritas!

Dense cuenta de sus fallos y corríjanlos, sean más magnánimos y tolerantes ante otras religiones, quítense las vendas de los ojos para que vean su corrupción interna y soluciónenla –aunque sea necesario eliminar tradiciones que sustentan esta corrupción–. Sean lo que deberían ser: una voz de Dios para ayudar a las multitudes que los necesitan. Sepan que toda la negatividad que sobrevive gracias a su indiferencia y falta de acción está lastimando a quienes ustedes juraron ayudar.

Ahora, aquellos individuos que luchan por los cambios positivos en su religión, benditos sean ante los ojos y el corazón de Dios. Aquellos individuos que hacen servicio por Dios en su propia fe, desde lo más bajo de lo bajo hasta lo más alto de lo alto, que hacen el bien por quienes están en contacto con ellos, benditos sean ante los ojos y el corazón de Dios. Es más, benditos sean todos los que hacen su trabajo por Dios con corazón y alma puros y que sólo quieren ayudar a los necesitados. Nunca piensen que Dios no sabe lo que hacen, sean decididos y continúen dando servicio, puesto que el cambio puede tardar mucho en llegar, pero al final, Dios siempre recordará sus obras.

La religión en sí misma no es mala, pero en este momento, la humanidad la ha manipulado hasta el punto en que, a veces, ya no es fe. Mi intención no siempre es criticar a la religión –además, yo formé una iglesia– pero claro que criticaría a los Novus Spiritus si se desviaran del camino. En verdad siento que la mayoría de las creencias tienen buenas intenciones, pero se entramparon en su propio temor a ir en contra de lo preestablecido.

Una religión es absurda si cree que puede salirse con la suya enseñando el dogma que se estableció originalmente para las masas analfabetas. Mientras más informada esté la gente, más cuestionará dicho dogma (que tiende a ser contradictorio en sí mismo) y más querrán respuestas lógicas y creíbles para sus preguntas. La educación trae consigo la capacidad de pensar por uno mismo y, en consecuencia, las preguntas que se responden "por cuestiones de fe" cuando tienen respuestas lógicas dejarán insatisfecho a quien pregunta. A diferencia del campesino iletrado del pasado, la gente educada del presente está en busca de respuestas reales y no acepta mentiras.

Y siempre tendremos a los que llamo "rebaños de ovejas": quienes aunque hayan estudiado, lo olvidan cuando se trata de dogmas. Ya sabes quienes son: la persona de negocios que va a la iglesia que predica el fatalismo y cosas por el estilo y ni siquiera se cuestiona el hecho de la gran contradicción entre un Dios vengativo y colérico y uno amoroso. Usan su educación en los negocios y son muy exitosos, pero cuando se trata de religión, se vuelven como ovejas. Conozco gente educada y al parecer racional e inteligente en la vida diaria, pero se aterra cuando comienzas a hablarle sobre su fe.

Esto es sólo para mostrarte que la inteligencia puede pasar a segundo plano cuando se trata de religión. Claro que es un tema muy personal y las emociones pueden dominar a la inteligencia básica en algunos casos. Cuando un predicador comienza a incitar a sus feligreses sobre la "ira de Dios" puede ser difícil resistir el fanatismo infeccioso que se propaga entre el público y los insita con fervor.

Las iglesias nunca han explicado que este mundo de antimateria (como ya sabes, el real es el Otro Lado) es un lugar de aprendizaje para nosotros y para Dios. Sí, debemos recordar que los sistemas de creencias de la religión en tiempos antiguos eran muy primitivos y se transmitían de boca a boca porque muy pocas personas sabían leer o escribir, pero, ¿se les olvidó cómo pensar? Incluso hasta la persona más ignorante puede darse cuenta de que en la vida existen el sufrimiento y la muerte y comenzar a preguntarse el por qué.

UNA MIRADA BREVE A LAS PRINCIPALES RELIGIONES DEL MUNDO

Es interesante destacar que todas las religiones principales de la humanidad comenzaron a partir de las escrituras del hinduismo o del judaísmo. El budismo se originó a partir del antiguo hinduismo, mientras que el judaísmo, el cristianismo y la fe islámica comparten sus inicios en las antiguas escrituras hebreas. El cristianismo se apega a muchos textos hebreos al adherirse al Antiguo Testamento de la Biblia y se formó a partir de las enseñanzas de un judío (Cristo) cuyos discípulos y seguidores tomaron como una nueva religión. La religión islámica sigue la historia de Abraham y cree que él es el padre de su fe y de su gente; consideran a Jesús como un gran maestro y al profeta Mahoma como el último mensajero de Alá, quien le dio el *Qur'an* (Corán). Debido a estos conocimientos, la fe islámica cree que Alá es el mismo Dios al que veneran el judaísmo y el cristianismo (lo cual, es verdad).

Entonces, ¿por qué hay tanto conflicto entre estas tres religiones?, ¿por qué son rivales e interpretan a Dios de diferente manera? Pues las tres le dan a Dios características humanas como ira o rabia, amor, celos y similares; y las tres reconocen Su poder y sabiduría. El Islam pone énfasis en Dios y Lo reconoce en todos sentidos; el judaísmo también, pero sus seguidores esperan a que el mesías los salve; el cristianismo pone énfasis en Cristo y en la Santísima Trinidad (Padre, Hijo y Espíritu Santo). Estas tres religiones tienen tanto en común que es claro que su conflicto radica en el hecho de que son rivales por ser seguidores, de manera que no van a ser tolerantes con otras formas de fe.

Otros aspectos que "las tres" tienen en común son las antiguas tradiciones y creencias establecidas en su fe, que inhibe su flexibilidad. La ciencia ha descubierto que, lo que era verdad hace miles de años no necesariamente es verdad hoy en día; aunque la religión todavía tiene que reconocerlo puesto que está atrapada en creencias que venían al caso en otros tiempos. Quizá haya sido necesario, en un momento, presentar a Dios con emociones humanas negativas, como la ira, para instigar miedo en los seguidores, que básicamente eran analfabetas y reaccionaban ante estas emociones. Pero presentar a Dios de manera falsa, como castigador que se enoja con nosotros quizá ha sido uno de los mayores "pecados" cometidos por la religión. Y quizá otro pecado aún más terrible sea el hecho de que, durante siglos, las religiones no han modificado ese concepto de Dios, e incluso lo incitan. Literalmente es "dar falso testimonio"... sólo que no es ante otro ser humano, sino nuestro Creador.

Así como discrepo en muchas de las facetas de las principales religiones, también estoy de acuerdo con muchas. Tampoco puedes culpar, ni tener prejuicios de ninguna religión porque es lo que ellas creen –así que si están contentas con ello, déjalas–. Si no somos tolerantes, entonces no somos mejor que ningún dogma que siente que tiene todas las respuestas correctas y tendemos a perder nuestras creencias espirituales en la libertad de la religión. Todas las religiones cambian y tienen éxitos y fracasos, y Dios las ama por igual. También tenemos que considerar el factor humano, que tiende a creer que si algo está incluido en una escritura antigua, entonces debe ser verdad.

Y reitero, no importa cuál sea tu religión, sé benévolo y positivo. Si no es oculta, ni controladora, y estás contento con ella, entonces por el amor de Dios –literalmente –quédate ahí, pero nunca temas preguntar. Provengo de una familia que tenía mezcla del judaísmo y el cristianismo, y traté de inculcar el amor a Dios en todos.

Algunos prefieren temer a nuestro Creador (yo no estoy de acuerdo), pero también debemos dejarlos en paz. Usa la razón y la investigación, puedes descubrir que sí es posible que exista un Dios más amable. Entonces quizá no se cometan atrocidades en Su nombre, puesto que nos ama a todos, jamás habría necesidad de una guerra santa.

PROFECÍA

Las profecías existen desde que existe la humanidad. Las encuentras en la Biblia, en el Corán, en el Talmud y en el Bhagavad Gita, así como en otras escrituras por San Agustín, Santo Tomás de Aquino, Nostradamus y muchos otros. Ya sea que se hayan consultado aventando huesos, "leyendo" las entrañas de un cerdo o cabra destripados (que siguen haciéndolo en algunas culturas africanas), o estudiando las estrellas, las profecías han existido durante siglos. En Asia, por ejemplo, han consultado al I Ching y han utilizado la astrología durante miles de años para predecir el futuro; yo he utilizado estos elementos para revelar a otros lo que Dios espera de ellos, para evitar que sean lastimados, o para recordarles su destino. Incluso hoy en día, muchos chinos no se deciden a tomar decisiones importantes en la vida si no han consultado antes a un astrólogo.

Considerando lo anterior, no creo que las profecías hayan terminado hace 2 000 años. Sería como decir que, de repente, nos volvimos demasiado inferiores como para saber, sentir o compadecernos de nuestro Padre y Madre, lo cual no es verdad. Piensa en un campamento desagradable durante el cual te pones en contacto con tus padres para tener consuelo porque los extrañas. Te consuelan y quizá te digan, "Ten paciencia, hijo. Estás aprendiendo a ser más fuerte e independiente, y estás descubriendo cosas de ti mismo y de qué eres capaz que de otra manera no hubieras conocido. Además, antes de que te des cuenta, estarás de regreso en casa, a salvo y orgulloso de ti mismo por haberlo logrado". Y si escribes un diario –es decir, estar tranquilo y hacer preguntas– antes de que te des cuenta, el conocimiento llegará a ti, inspirado por Dios.

Sólo tienes que tener cuidado cuando alguien se presenta como Dios (como David Koresh u otros falsos profetas que abundan hoy en día). Nadie es infalible, excepto Dios, y tu capacidad de razonamiento te ayudará a saber si las palabras habladas o interpretadas por otro son verdad o no. Cuando la gente dice que está hablando en nombre de Dios, escucha con atención a lo que dice –usa el cerebro para descifrar si en realidad está transmitiendo Sus mensajes o está intentando controlar a los demás por medio de sus reglas y sus egos desmedidos.

Los falsos profetas muestran signos evidentes: su manera es la única manera; sólo ellos conocen las respuestas; predican temor o intolerancia; constantemente te piden dinero; intentan controlarte; no les gusta responder preguntas y si responden a tus dudas, lo hacen con réplicas vagas y misteriosas que no puedes entender; dicen que debes vivir como ellos te indican.

Por otro lado, los verdaderos profetas son magnánimos; se interesan por la gente y sus problemas; son abiertos y honestos en toda circunstancia; alientan el aprendizaje y el estudio para obtener conocimiento; responden a todas las preguntas de manera lógica y fácil de entender; son cariñosos y amables; no te obligan a convertirte a su sistema de creencias; sólo aceptan aportaciones voluntarias, y únicamente de quienes pueden hacerlas; proponen una filosofía de un solo Dios amoroso; promueven la tolerancia religiosa; luchan contra la intolerancia y cualquier expresión de odio; y sobre todo, están felices de ayudarte a encontrar tu propia verdad y tu camino, aunque no sea el mismo que el de ellos. Puedo seguir con la lista, pero ya te hiciste una idea.

"Planeta escuela"

Siempre he creído que este plano temporal de existencia que llamamos Tierra es una escuela para que el alma aprenda sobre la negatividad y el mal, y luche contra ello. La religión debe encontrar su camino, como lo hacen las personas. Experimentar lo negativo fortalece al alma, y éste es el único lugar donde podemos hacerlo. Incluso en el Génesis, Dios les dice a Adán y Eva que no pueden probar el conocimiento (la manzana simbólica) hasta que no bajen a la Tierra y trabajen y tengan hijos.

Nuestro amoroso Padre podría decir: "La humanidad siempre ha tratado de complicar Mi amor. Es constante e intransmutable, aunque no creas que estoy aquí. Algunas veces piensas que no te escucho o que no respondo a tus oraciones. Escucho cada palabra que pronuncias y cada pensamiento que tienes, pero como un padre amoroso, no puedo interferir en las lecciones que has elegido para tu perfección".

Este viaje en el que nos encontramos no se trata de convertir a los demás, se trata de revolucionarnos a nosotros mismos desde dentro. Quizá no estés de acuerdo con lo que escribí en este capítulo (o en todo el libro), pero cuando se trata de mi filosofía y mis enseñanzas, siempre digo: "Llévate lo que quieras y deja el resto atrás". Y eso es lo que debes hacer con todo, incluyendo la religión.

PREFACIO

E staba en Hawái cuando escribí estas palabras para ti. Estaba tomando un pequeño descanso y viendo el amanecer por la ventana y pensé que la luz sale muy temprano en el mes de junio. La magnitud de Francine y de todos los ángeles que sentí a mi alrededor fue sobrecogedora (como muchas veces cuando me encuentro sola y en contemplación) y también estaba hablando con mi amado padre. En ese momento, una hermosa mariposa se posó sobre mi brazo. Dije, "gracias papi" porque sabía que era de él –quería darme ánimos desde el Otro Lado.

Si pones atención recibirás señales de seres celestiales. Cualquier entidad de cualquier nivel de la creación puede visitarte… sólo tienes que pedirlo. Todos tus seres queridos pueden venir y darte señales, ya sean monedas, pájaros, actividad eléctrica, o cualquier cosa. Tu espíritu guía puede comunicarse contigo si de verdad escuchas y puedes pedir que los ángeles te visiten y te protejan. Tu guía es quien generalmente arregla las visitas de tus seres queridos y de los ángeles, les comunica tu petición e incluso puede traer tu tótem (un animal de protección) para protegerte. Los espíritus guía y los ángeles son tus verdaderos compañeros a lo largo de tu viaje.

Quizá habrás notado (como mucha gente que conozco) que parece que el tiempo ha comenzado a acelerarse.

No sólo sucede si eres anciano; ahora sucede a una menor edad. Incluso mis nietos hablan de lo rápido que llegó el verano o la Navidad, pero cuando yo era joven, parecía que las vacaciones de verano nunca llegarían y que la Navidad tardaba eternidades. Esto muestra que el tiempo está acelerándose para todos, casi como si se condensara en este último esquema. Por ello es tan importante atesorar cada momento con tus seres queridos. Como solía decir mi abuela, "La mugre puede esperar, pero tus hijos que crecen tan rápido, no". No quería decir que debamos vivir en la suciedad, sino que algunas veces nos obsesionamos tanto sobre las pequeñas cosas y las verdaderas interacciones de amor, familia y amistad pasan de largo... para jamás regresar.

Quiero dejarte con el pensamiento final de que no importa lo mal que se vea la vida algunas veces, siempre es maravillosa. Sin importar lo que me haya pasado, siempre lo he pasado bien. (Mi abuela Ada solía decir, "Sylvia, si la ignorancia es felicidad, tú debes ser la más feliz"). Mañana será siempre un mejor día, y eso es lo que me salvó. No quiero decir que no haya habido dolor, pero sí hubo días mejores. Siempre me he dicho, "Esto también terminará". Los dolores de muelas, los divorcios, los problemas con Hacienda –¡todo termina!

Todos podemos ser canales de conocimiento y sanación si dejamos de lado nuestro ego y entregamos nuestra voluntad a Dios. Nadie debe pretender ser tan egocéntrico que quiera dominar sobre los demás; al contrario, debe querer dar poder a la gente para que encuentre su propio centro-Dios. Sin importar el camino que elijamos, existen verdades universales que nos guían a todos: hacer el bien, evitar la negatividad y amar a Dios. Esto es para toda la humanidad. "Ama a tu prójimo como a ti mismo" o "Haz a los demás lo que quieres que te hagan a ti" encajan muy bien, pero también me gusta lo que Jesús dijo que deberíamos hacer cuando nos encontremos gente negativa: "Donde no os reciban, marchaos y sacudid el polvo de vuestros pies" y "No echéis vuestras perlas a los cerdos". En otras palabras, la ingratitud, la avaricia y el poder abusivo abundan en este mundo, pero no tenemos que ser sus víctimas.

Así que sigue avanzando y sé testigo de tu conocimiento de un Dios amoroso, y te prometo que la depresión y el desaliento de este planeta comenzarán a disminuir. Y no te preocupes si no siempre eres apreciado aquí o si no tienes las felicitaciones que crees que te mereces, Dios lo sabe, y eso es sólo lo que importa.

Como Cyrano de Bergerac, sólo debes preocuparte por ir ante Dios con tu pluma blanca intacta (Cyrano usaba sombrero con una pluma). Esto simboliza que nunca canjeaste tus principios... y si has fallado (como todos), sacúdete la tierra, enjuaga tu pluma y sigue adelante. No te atores en el "podría haber hecho..." puesto que es un callejón sin salida. No olvides que Dios sabe que eres humano y lo toma en cuenta, y tampoco olvides que Él conoce tu corazón y sabe cuando lo intentas.

Piensa que eres un guerrero espiritual que puede tomar las flechas de la negatividad, e incluso aunque estés agotado por la batalla, al final llegarás al nivel superior del alma. También sabrás cómo ir a Casa y, en el proceso, entenderás a la creación como nunca antes.

Dios te ama. Yo también...

Sylvia